自治体の危機管理

―公助から自助への導き方―

中邨　章

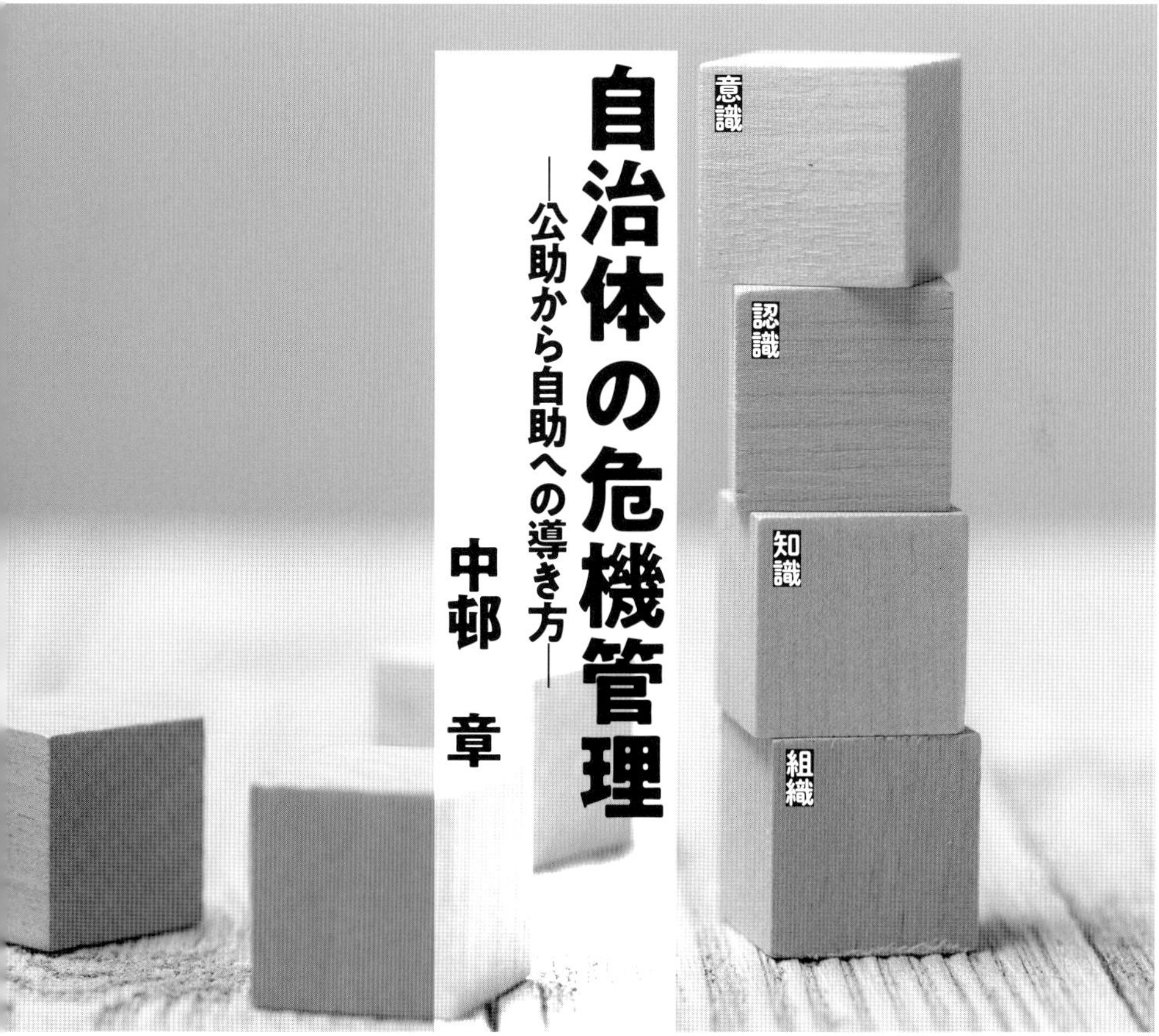

ぎょうせい

はじめに

本書はいくつかのきっかけを経て刊行されることになった。既に10年以上前のことになるが、『市政』と呼ばれる雑誌を刊行する編集責任者が、当時、私が勤める明治大学の研究室に来られた。全国市長会が発行している雑誌、『市政』のコラム「都市のリスクマネジメント」に寄稿してほしいというのが、同氏の用向きであった。これを機会に隔月ベースで1回、2300字を目途にした原稿を出すことになった。当初、私の目算では10回程度の連載で終わると考えていたところ、その後、寄稿継続の依頼を数回にわたり頂戴した。結局、コラムは2010年4月から2020年2月まで10年近く続くことになった。隔月とは言え、これほど長期にわたって駄文を書き続けるとは思いもしなかった。長期にわたる連載になったことに、私自身、正直、驚いている。

コラムの原稿が相当量になったので、それを本にまとめようと考えてきたが、指摘するまでもなく、この10年間に日本は様々な災害に見舞われた。なかでも、2011年3月の東日本大震災は、私がそれまで抱いてきた防災や危機管理に関する概念や考え方を、基本から揺るがす大きな出来事であった。震災直後から若い研究者と一緒に被災地を調査に回ったが、想像を絶する被災規模と被災地域の広さに改めて自然の力の恐ろしさを見る思いがした。災害はその後も熊本地方、広島など各地で発生しているが、本書の原稿を出版社に送った直後、2019年には9月から10月にかけ台風や豪雨が関東から東北地方に襲来した。集中豪雨を伴う台風は各地で河川の氾濫や越水を引き起こし、多数の犠牲者を出した。膨大な数の住民が家屋や資産を失うという予想外の大惨事になった。

災害が頻発する現状を考え、今回、コラム原稿を下敷きにしながら内容を全面的に書き換えることにした。もとより、非力であるためすべての施策や課題をカバーすることはできない。本書では自治体に焦点を合わせ、なかでも住民、首長、執行部、それに地方議会がどう危機に備え、災害にいかに対応するべきかを探ることに注力した。本書の中でくり返し指摘するが、危機や災害に4識（織）が不可欠である。災害発生の可能性を常時、認識すること、それを意識すること。そして、危機管理や防災についての知識を集めることの3識は、とりわけ重要である。自治体の場合には、これに組織編成という別の織が加わる。4識（織）が肝要と目されるのは、危機や災害に対応するのは、つきつめれば結局は個人の問題に帰すると考えられるからである。どれほど高価な機材や機器を用意しても、それを操作するのは最終的にはヒトになる。その肝心のヒトが危機対応について認識も意識も知識もなければ、貴重な機材は宝の持ち腐れになる。この点は既にいくつかの事例が示している通りである。

本書のタイトルを「自治体の危機管理」としたことについて、簡単に説明しておきたいと思う。危機管理に似た表現にビジネス界で使われることの多い、「リスクマネジメント」という表現がある。リスクマネジメントは、不測事態そのものの発生を回避することに主眼を置いている。危機発生の芽を絶つ、それがリスクマネジメントの要諦である。事故や事件が発生してから、手立てを考えているのでは企業は持たない。先手必勝、元栓をしっかりと締め、問題そのものの発生を抑える。それができなければリスクを最小限に食い止めることはできない。リスクマネジメントの最大の目的は、そうした課題への対応を考えることにある。企業経営では製品に瑕疵が出ると販売は大きく落ち込む。下手をすると、それが会社破綻などの最悪のシナリオに結びつく。製造した物品から欠陥は出さない、ビジネス経営の基本原理である。

これに対して行政では、一般に危機管理が使われる。これには危機の発生は完全にコントロールできないという意味合いが込められている。残念ではあるが、いろいろな形を伴って危機は発生する。それは台風であるかも知れない、地震や地滑り、それに風水害である可能性もある。危機管理と呼称される概念では、そうした災害や事故が発生する可能性を所与のものとしている。そうした前提の上に立って、災害や事故の発生にどう備えるかを検討するのが、危機管理と呼ばれる概念の目指すところである。不測事態の発生は不可避とした上で、事前準備、応答性、減災、復旧・復興などについて検討するのが、危機管理の基本型になる。

もとより、危機管理には他にもいろいろな定義や理解があるかも知れない。本書では、危機管理を大括り、包括的な概念として使っている。そのため、危機管理を構成する重要な要件である事前準備に、防災や減災と呼ばれる考え方を取り込んでいる。防災は危機管理を構成する重要な施策である。しばしば、防災という表現だけで稿を進めることもあるが、いずれの場合にも危機管理という概念が全体に通底する考え方である点をご理解いただきたいと思う。くり返しになるが、本書の姿勢は危機管理を基本に、防災を考え災害対策を検討し、復旧や復興に思いを寄せる点にある。そうしたアプローチをとるのは、危機管理の分野では概念化という作業がなかなか進まないからである。これまでの研究は、多くが事例を中心にしてきた。ミクロな研究を積み重ねマクロな理論を作るという作業は、災害や事故を対象とした分野ではまだまだ未成熟である。危機管理の概念化には、今後の研究に待たれる部分が多い。

２００３年のことになるが、私は同僚の市川宏雄教授を伴い、明治大学に「危機管理研究センター」をスタートさせた。文部科学省オープンリサーチセンターの審査を受けた研究資金で始めた試みであったが、センターは15年間、２０１８年まで続いた。ただ、２０１１年の東日本大震災が発生するまで、センターの活動や研究成果が注目を集めることはあまりなかった。それが大震災をきっかけに大きく変わった。震災後になると、事件や事故が起こると報道機関からの問い合わせがひっきりなしに届くという状態になった。最近でも同じような傾向が見られる。災害が発生すると驚くほどの数の「危機管理専門家」と称するタレントがテレビに登場する。それを見るにつけ災害や事故を地道に研究する業績、それに「ホンモノ」の専門家が必要という印象を改めて感じる。

本書を刊行するに当たって、いろいろな人びとから支援を受けた。（一財）日本防火・危機管理促進協会で研究員を務める野上達也氏には、資料の提供、事実の確認などいろいろな点で多大な援助を受けてきている。明治大学・政治経済学部の西村弥氏、それに城西大学・現代政策学部の助教、飯塚智規氏の両氏には今回、拙著をまとめるに際して、様々な局面で助言や示唆を得ることができた。前記3名の研究者の他にも牛山久仁彦、菊地端夫、砂金祐年、佐々木一如などの各氏から資料の提供をはじめ激励や叱咤を受けてきた。また、長期にわたって支援を頂戴している（一財）地方公務員安全衛生推進協会の皆さんにも謝意を表しておきたいと思う。お名前は表記しないが、拙著はそれら多数の人びとからのご支援の成果であることを改めて付しておきたい。本書の原稿を出版社に提出してからまもなく、私は予想外の体調不良に陥り、数回、入院するという羽目になった。一度は3週間も病院に止まることを余儀なくされ、そのために「ぎょうせい」に迷惑をかけることになった。記して深謝の意としたい。

最後に私事にわたって恐縮であるが、私と妻、和子とは2020年8月、金婚式を迎える。学生結婚の時代から半世紀はアッという間であった。その間、和子には多大の心配と苦労をかけた。彼女の長年にわたる労苦に応えるため、本書を妻、和子に捧げることをお許しいただきたいと思う。

2020年1月　退院の喜びを噛みしめながら

目　次

第3章 住民と災害―自助、共助、公助の役割

第4章　災害と情報―公助からの脱却と自助の実践

第5章　首長と災害対応

第6章　伊勢湾台風と災害対策基本法の誕生

第7章　地方議会人と危機管理への積極的関与

第1章

自治体の防災・危機管理
―４つの要件

1 防災・危機管理の４つの要件

1 防災・危機管理と事前準備

災害や事故を含む危機管理への対策は、具体的には次の４つの柱から成り立つ。「事前準備」と「減災」、それに「応答性」と「復旧」である。危機管理がそれら４つの要件から構成されると言い始めたのは、アメリカの連邦政府に作られたＦＥＭＡ（連邦危機管理庁）である。アメリカの首都、ワシントンにある事務所を訪ねると、オフィスの各所にこれらが標語として貼りめぐらされている。

ここでは、危機管理の基本である４つの概念について、それぞれを具体的に説明したいと思う。

ＦＥＭＡの表現を手がかりに、はじめに事前準備を取り上げる。これは予想される事故や災害に対してあらかじめ準備を重ね、被害を最小限に食い止めようとする試みである。日本でも古くから、「備えあれば憂いなし」と言われてきた。しかし、すべての事故・災害に対して万全の準備はできるものではない。日本では災害対策基本法、それにもとづいて地方自治体が策定する地域防災計画などが予想される災害を列挙し、それに準じて対応策を整えるという態勢を敷いてきている。想定される災害として挙げられているのは、風水害、地震、津波、火山噴火、雪害、海上災害、航空災害、鉄道災害、原子力災害などである。それ以外にも鳥インフルエンザやＳＡＲＳなどの感染症に対する施策も含まれる。

不測事態の発生に備える事前準備は、一見、簡単なように見える。実際には、この問題は複雑で難しい中身を含んでいる。これまでの経験で言うと、災害や事故はしばしば休日、あるいは休み明けの月曜日、または夜中など、人手が手薄な時間帯に発生することが多い。とりわけ豪雨などの災害は真夜中に大きな問題を発生させるのが通例である。そうした事態を予想し周到な準備をしても、それが十分に機能するかどうかは分からない。これまでの体験から言うと、どれだけ周到な事前準備をしても、災害はしばしば準備の手薄な弱点を突くことがある。想定外と言われるのは、そのことを指している（危機管理に関する基本的な考え方については、中邨章「行政と危機管理」中邨章編著『危機管理と行政』（ぎょうせい、２００５年）１－26頁に詳しい。ここでの議論はほとんどがその資料によっている。）。

２　事前準備と財源

事前準備には資金がかかる。食料や毛布など緊急用の備蓄には費用がかかる上、スーパー堤防の建設などで知られる護岸工事にも膨大な財源が必要である。そうした公共事業は、法外な大型プロジェクトとし、しばしばきびしい批判に晒される。その点から言うと、２０１８（平成30）年7月、西日本の各地を襲った豪雨による被害が記憶に新しい。犠牲者が２００名以上に上り、平成の30年間で最悪の土砂災害になった。被災地が広範囲に及んだこと、それに堤防の決壊、土砂崩れの頻発などが被害を大きくした。そのため、国土の強靱化が改めて認識されているが、西日本豪雨災害のような甚大な被害は、国や自治体が積極的に公共投資を実施し対策を講じておれば回避できたという見方もある。

実際には、国は東日本大震災をはじめ各地で相次いだ土砂災害などを念頭に、2013（平成25）年、「国土強靭化基本法」を制定している。この法律に準拠し、大幅な予算を組みさまざまな災害に備える準備も行われてきた。国土強靭化を推進するための予算は、2016（平成28）年度、3兆670億円、それが2018（平成30）年には4兆600億円にまで増額されている。ところが、その矢先に災害が発生した。この点を取ってみても、事前準備がどれほど難しいか、改めて認識せざるを得ない（内閣官房国土強靭化推進室「国土強靭化関係予算案の概容」https://www.cas.go.jp/jp/seisaku/kokudo_kyoujinka/pdf/h31yosan_gaiyou.pdfを参照）。

事前準備に多くの費用を割きながら、防災設備などが使用されずに済めば、それに越したことはない。危機管理の政策分野では、皮肉にも立派にできあがった施設が使われないことが、最も効果の高い災害政策ということになる。危機管理の事前準備にはこうした政策上の矛盾が常につきまとう。首長や自治体執行部の立場に立つと財政が逼迫しているなか、防災など危機管理に多大の資金をかけることには躊躇が伴う。100年に一度あるかないかの不測事態の発生に、多額の財源をかけることには反対という声も根強い。

一時、事業仕分けや政策の棚おろしが注目を集め、スーパー堤防や治水ダムの建設が政治化したことがあった。ところが状況は変わったように思われる。地震に土砂災害、それに台風被害と災害が連続する最近の状況では、災害被害を最小限に抑えようとする施策に正面から反対することは、政治的にも難しい。

住民に安心と安全を保障することは、首長、自治体執行部ともに最重要課題の1つになってきている。この先も事前準備は、一層、充実した中身になることが期待される。

3 減災と法律

危機管理の2つ目の要件は減災である。

災害や事故の発生に備える減災を目的にした法律が、いくつか作られている。地震に関しては、「大規模地震対策特別措置法」がある。この特別法は、第1条でその目的を次のように綴っている。分かりづらい文章であるが、「大規模な地震による災害から国民の生命、身体及び財産を保護するため、地震防災対策強化地域の指定、地震観測体制の整備その他地震防災体制の整備に関する事項及び地震防災応急対策その他地震防災に関する事項について特別の措置を定めることにより、地震防災対策の強化を図り、もつて社会の秩序の維持と公共の福祉の確保に資すること」と、この法律の目標が規定されている。他にも津波については「津波対策の推進に関する法律」、火山噴火に関しては「活動火山対策特別措置法」が設けられている。いずれも、不測事態の発生に備え減災を目的に設置された法律である。

減災には事前準備に通じるところがある。いずれも災害や事故が起こることを所与としている点で共通している。その上で発生する被害を出来るだけ最小限度に食い止めようとするのが、事前準備であり減災と呼ばれる概念の狙いである。一例として、「建築基準法」が定める耐震基準を挙げることができる。

１９４８（昭和23）年に起こった福井地震をきっかけに制定されたこの法律は、ビルや住宅の耐震性を規定している。基準はその後、大地震の発生を機に何度も改定され、今日に及んでいる。なかでも注目されるのが、１９８１（昭和56）年に実施された改正である。それまでの基準と対照するため、１９８１年以後の規定は「新基準」と通称されてきたが、この改定は阪神淡路大震災の被害状況に大きな影響を及ぼしたと言われる。

国土交通省の資料によると、阪神淡路大震災の場合、１９８１（昭和56）年以前の基準にもとづいて建てられた建物の３割が、地震から「大破以上」の被害を受けている。一方、１９８１年以後の「新基準」による建築物では、大破は１割以下に止まっている。８割近くは軽微な被害、もしくは無被害であった。新基準に則って建てられた建築物は、耐震性が高く被害を最小規模に食い止めることができた。基準はその後も引き続き強化されているが、阪神淡路大震災が発生した直後の１９９５（平成７）年には、「建築物の耐震改修の促進に関する法律」が制定されている。それが今後の減災に大きな役割を果たすことが期待される（国土交通省「住宅・建築物の耐震化について」http://www.mlit.go.jp/jutakukentiku/house/jutakukentiku_house_fr_000043.html）。

４ 応答性と初動体制

危機管理の３つ目の要件である応答性は、事故や災害が発生した事後の対応に注目する。危機が発生した際、それにいち早くどう対応するか、それが応答性の中身になる。阪神淡路大震災の際、国や自衛隊の初動体制が一時、問題になった。阪神淡路大震災は朝、5時46分に発生している。時を同じくして消防庁、警察庁、自衛隊、それに気象庁は、いずれも地震の発生を覚知し、そのことを即時に国の担当者に連絡している。玉澤徳一郎・防衛庁長官は、6時に秘書官から災害発生の連絡を受けている。現場にアンテナ組織を持たなかったのは、当時の国土庁であった。国土庁は災害に関わる情報を総理大臣に伝える組織に予定されていたが、同庁に地震の即時情報は届かなかった。その結果、村山富市首相や石原信雄官房副長官が地震の発生を知ったのは、6時のNHKニュースであったと言われる。この失敗を教訓に、その後、内閣官房に危機管理監が置かれるようになった。

応答性で過去の失敗事例としてよく取り上げられるのは、阪神淡路大震災が発災した当初の自衛隊による災害派遣をめぐる問題である。当時の規定では、自衛隊に災害支援の出動を要請できるのは知事と決められていた。国にも市町村長にも、その権限はなかった。戦前の経験から、自衛隊の出動に関してはきびしいルールが設けられ、自衛隊は災害が発生しても、知事からの要請がない限り部隊を出動させることは許されなかった。

ところが、貝原俊民兵庫県知事から、自衛隊の出動要請はなかなか届かなかった。その理由については、現在も不明とされる部分がある。一時、県庁も知事の居所をつかみかねていたが、知事自身は8時には県庁に到着していたと事後、語っている。貝原知事からの要請によって、自衛隊はようやく10時に姫路駐屯地から第3特科連隊215名が被災地に向け出発させ、その後、1時過ぎから救援作業を実施している。自衛隊の派遣する隊員数が少ない印象を受けるが、これは災害規模が明確でなかったこと、自衛隊派遣の費用が県側の負担になっていたためである。多数の人員派遣を要請すると県の予算で賄いきれない問題があったが、実際には、救援作業のピーク時には2万人に上る自衛隊員が動員されている。

阪神淡路大震災の場合、市町村長に自衛隊の出動を依頼する権限はなかった。市町村長が自衛隊の災害支援を求める際には、電話やファックスでの依頼は認められなかった。必要と思われる隊員数や車両数、それに派遣の期間などを文書で示し、それを知事に提出する仕組みになっていた。こうしたきびしい規制は、先にも述べたように戦前の陸軍が引き起こしたクーデターなどの苦い経験にもとづく措置であった。ところが、目の前に緊急事態の発生を控える首長にとって、当時の体制は役に立たないシステムと考えられた。応答性という点では、問題の多い仕組みになっていたため、阪神淡路大震災以後、自衛隊の災害出動に関して、いくつか大きな制度の改定が行われている（Akira Nakamura. 2001. Preparing for the Inevitable: Japan's Ongoing Search for Best Crisis Management Practices, In Uriel Rosenthal, R. Arjen Boin and Louise K. Comfort. Eds. *Managing Crises*, Spring Field, IL: Charles C. Thomas.）。

派遣に関して、通常の「要請派遣」以外に「自主派遣」という新しい制度が作られた（図表1・1参照）。最も一般的なパターンは、これまでと同様、災害が発生すると知事が防衛大臣に自衛隊の災害派遣を要請する形式である。緊急の場合、要請は口頭でも電話でも構わない。文書を後に届ける方法に改められた。

市町村長に関しては、知事に自衛隊の派遣を「要求」できることに変わった。知事に連絡できない場合、首長は状況を防衛大臣に直接、通知できる制度も作られた。加えて、緊急性など一定の条件を必要とするが、知事から災害出動の要請が届かない場合、防衛大臣が自衛隊に被災地への部隊派遣を命令することができるようにもなった。自衛隊の災害支援活動に関する限り、制度は柔軟性を増し、応答度は格段に上昇することになった。

出動費用の負担についても改訂が行われた。派遣に関わる費用負担に関しては、災害派遣の任務を実施するための経費は自衛隊の負担になる。被災者への食料配布や施設利用料など、特別に発生する費用は、自衛隊がその都度、関係自治体と協議し、費用負担を要

図表１・１　自衛隊の災害派遣の仕組み

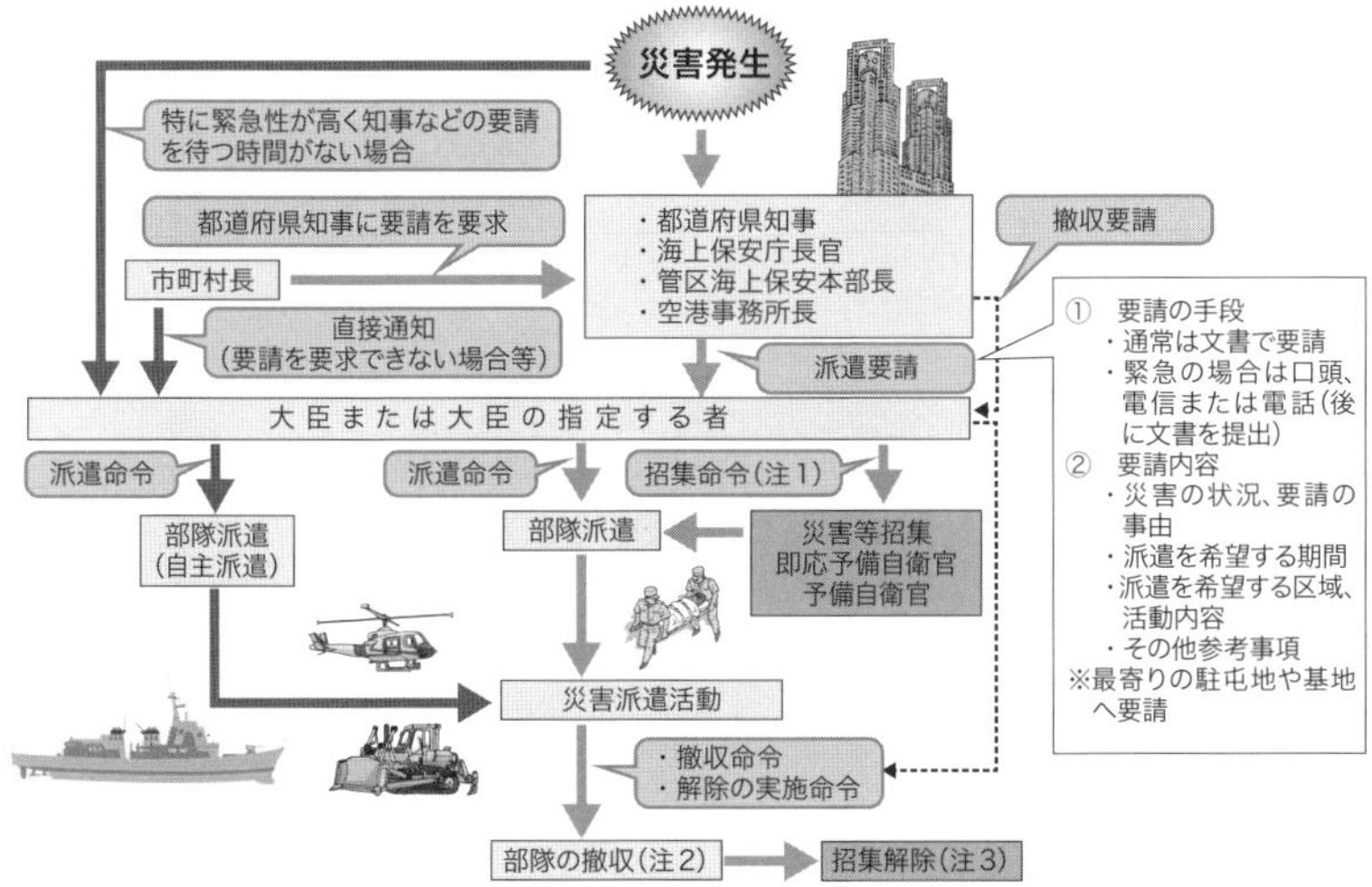

（注１）即応予備自衛官および予備自衛官の招集は、必要により行う。
（注２）部隊をまとめて引き上げること
（注３）即応予備自衛官、予備自衛官の招集を解除すること

出典：防衛省・自衛隊HP「自衛隊・災害派遣について」（https://www.mod.go.jp/j/approach/defense/saigai/）

請する手続きがとられる。一般的には、事後に自衛隊が自治体に請求書を送り、自治体がそれを決済するという方法がとられる。ただ、自治体が負担した費用に関しては、国が一定の基準にもとづき特別地方交付税によって一部を補填している。この点が従来とは異なる。不測事態の発生による自治体の費用負担は、現在では国による特別地方交付税の活用という方法で軽減が行われている（昭和51年自治省令第35号「特別交

図表１・２　災害発生から派遣までの流れ

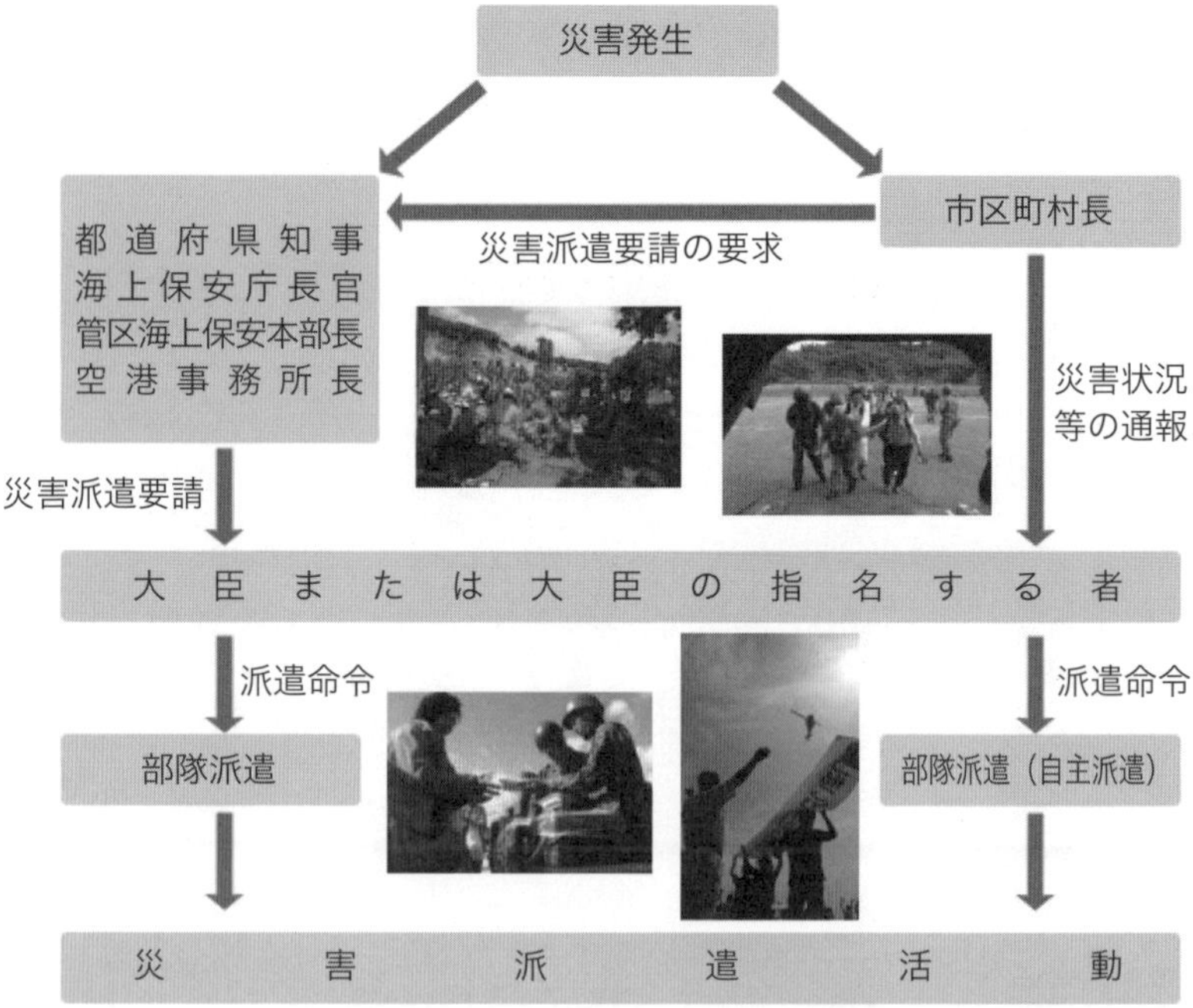

自衛隊は、天災地変その他災害に対して人命または財産の保護のため必要があると認められる場合は、都道府県知事等の要請（ただし、特に緊急を要する場合は、要請を待たずに）に基づき、防衛大臣またはその指定する者の命令により派遣され、捜索・救助、水防、医療、防疫、給水、人員や物資の輸送など、様々な災害派遣活動を行います。また、自然災害の他、航空機や船舶の事故等の救援、医療施設に恵まれない離島などでは救急患者の輸送などにも当たっています。

出典：陸上自衛隊HP「災害派遣の仕組み」（https://www.mod.go.jp/gsdf/about/dro/）

付税に関する省令」など参照)。

課題を応答性と初動体制にもどすと、災害発生時の応答性については職員数が２００名を下回る小規模自治体で問題の出ることが多い。２０１６（平成28）年夏に発生した台風10号は、東北地方に大きな被害をもたらした。そのうちのある自治体では、土砂災害や道路寸断などの被害が町内各地で発生し、１８０名近い自治体職員のほとんどが、現場に出向き対応に追われていた。役場に残ったのは11名の職員であったが、彼らは9台の電話に殺到する住民からの救援要請に忙殺された。そのため、町役場では県庁など、関連機関に連絡する時間的な余裕はほとんどなかった（２０１６年10月31日～11月１日被災自治体現地面接調査）。

自治体側は住民への対応に時間を費やす一方、県庁では被災自治体との連絡が取れないことにヤキモキしていた。被害規模の把握ができない県庁では、局長2名をリエゾン（連絡員）として現地に派遣することを決め、この措置によって被害状況が初めて明らかになった。県からの支援活動が始動したのは、その後のことである。同じような応答性の遅れは、西日本で発生した豪雨被害の際にも発生している。職員数が少ない自治体では、大半のスタッフは、住民の対応に追われる。災害現場に直接出向く場面も増える。そのため、政府や自治体との連絡や、警察、消防、自衛隊との連携がおろそかになる。

応答性の感度を高めるためには、首長を含め自治体職員が災害対応の訓練を受ける必要がある。台風の接近や大雨の可能性を想定し、刻々と変化する環境に首長や自治体職員はどう対応し、どのような意思決定を下すか、臨場感を持った図上訓練を実施することが望まれる。その際、初動体制は即応性と俊敏性を兼ね備えることが必要である。初動体制が充実すると、事後対応はスムーズに展開することが多い。災害対応の訓練について、詳細はこの後に譲る。

５　復旧と復興への道のり

これまで事前準備、減災と応答性につき検討してきた。最後は復旧・復興であるが、ここではなによりもライフラインを早期に復活させ、住民生活をできるだけ早く元の姿に戻すことが重要命題になる。断水や停電などが継続すると、住民の生活は寸断され社会活動は滞る。ライフラインを早急に元の姿に戻し、住民生活を従来の軌道に乗せる、それが危機状況下では喫緊の課題になる。ただ、２０１８（平成30）年に北海道で広範囲に渡って停電が発生したように、電気やガス、それに電話や交通機関などのライフラインと呼ばれる事業の多くは、民間の公益企業が責任を負っている。県や市で管理できない事業であるが、それら社会生活の基幹に関わるインフラ分野に関しては、今後も引き続き官民のパートナーシップを強化することが望まれる。災害復旧という観点から言うと、とりわけ市町村に関しては平時から防災会議などに公益企業から代表者の参加を求め、官民の意思疎通を図る制度を充実すべきである。

既に地方防災会議などで、官民が連絡を交わす場が設けられている事例があるが、官民連携については、なお改善の余地が残されている。これまでの経験から言うと、自治体と公益企業との官民協働はうまく機能してきたとは言い難い。内閣府は東日本大震災の後、２０１１（平成23）年10月に首都圏の主要駅における帰宅困難者につき実態調査をしている（首都直下地震帰宅困難者等対策協議会事務局〈内閣府（防災担当）〉「帰宅困難者対策の実態調査結果について～３月11日の対応とその後の取組～」２０１１年10月、http://www.bousai.go.jp/jishin/syuto/kitaku/2/pdf/4.pdf）。これはＪＲ東日本、日本民営鉄道協会、東京都交通局など24ターミナル、実数で言うと59駅を対象にした調査である。大地震が発災した当日、首都圏では５１５万人、東京都では３５２万人の帰宅困難者が発生した。それらの帰宅困難者の74・４％は、駅舎や学校など公共施設に保護されているが、「駅施設を開放」したのは29駅（49・２％）、「駅の外に誘導」したのもほぼ同数になった。

駅外に誘導した事例の内、３つの鉄道路線が乗り入れる東京郊外のあるターミナル駅では１路線の駅舎が閉鎖された。それが２つの別路線への移動手段を阻害し、利用者は他の駅舎に移れなくなった。結果、帰宅困難者が大量に駅付近に滞留し始め、事態はあわや暴動というところまで悪化した。その寸前に閉鎖中の駅舎が開放され事なきを得ている。これは、市町村とターミナル駅が事前に相談すれば防げたと思われる事態であった。実際には、自治体と相談していた駅は29駅（49・２％）、そうでなかったのは30駅（50・８％）であった。

ＪＲ東日本などは、今後の災害に備え駅の開放をどうするかにつき、事後、東京都と協議を重ねている。ただ、公共交通の運営者の立場に立つと、開放すると駅が混乱し運転再開が遅れるかもしれない。駅舎の頭上から降る落下物でケガ人が発生する可能性もある。同じような問題は、他の民間企業との間にも認められる。東京都は大手民間企業と災害発生の際にロビーなどの施設開放の可否を打診し、官民協働の対策強化を検討してきた。しかし、民間企業では帰宅困難者が会社の施設に入ることに難色を示してきた。事故が起こったとき、責任は誰がとるかが課題になっている。官民協働に関しては、アイディアはともかく実務になると様々な難題が立ちはだかるようである（日本防火・危機管理促進協会「地方自治体の災害対応業務における官民の連携方策に関する調査研究報告書」2015年）。

市町村は災害に見舞われた後、直ちに復旧に手をつけるのが理想とされる。しかし、これにはいくつか構造的な問題が横たわる。1つは、職員数の減少である。地方公務員の数は、1994（平成6）年に328万人、規模はピークに達した。それ以後、職員数は毎年、右肩下がりで減少を続けている。2017（平成29）年には274万人まで落ち込んでいるが、わけても、建築や土木関係の職員数が縮小を続けていることが問題とされる。多くの市町村では技術職が10数年の間に2割以上減少し、5割以上の村でその数は0人になっている。約6割の町と9割の村で技術職員は5人未満である。土木技術者の採用試験に応募者が集まらず、2次募集を実施しているところもある。技術職の不足は、自治体の災害への備えや復旧対応に大きな影響を及ぼす。

技術職職員が集まらない理由の1つは、中規模以下の自治体になると建築や土木職で採用しても、大きな建造物を建てるプロジェクトがない場合がある。道路を新しく建設する計画が待ち受けているわけでもない。技術職で採用しながら職員の仕事が限られているところが多く、彼等の処遇に困る自治体が多いのが実情である。技術職職員を毎年採用することを控えるところや、土木や建築の仕事は民間のコンサルタント会社に依頼するところが増えている。既に指摘したように、災害対応という視点から考えると、現状は決して好ましい状況とは言えない。小規模自治体でも災害の復旧や復興を促進するため、技術者が常駐する体制を維持することが望まれる。

もう1つ、災害は頻発しているが、実際に被災経験を持つ自治体職員の数は限られている。復旧事業に関わった職員の数も少ないのが現状である。対象自治体数１１５９団体の内、過去10年間で復旧事業に関わったことがない自治体職員は23％、1年だけ復旧事業を経験した職員は16％である。それらを合算すると、４割近い職員は災害の復旧事業にほとんど関与したことがないか、あっても1年程度、経験はきわめて浅いということが言える（防災に関する市町村支援方策に関する有識者懇談会「防災に関する市町村支援方策のあり方について―提言」２０１７年）。７７１団体をサンプルに「２００８年以後、災害対策救助法の適用を受けたかどうか」を問うた別の調査でも、受けた団体は3割、受けていない自治体は7割になった。ここでも、災害に見舞われた自治体の数は限られていることが明らかである。

職員が住民の避難や誘導を行うと規定しているところが多いが、実際には職員の多くは災害の未経験者である。職員の責任とされる住民の避難や誘導が、うまく行くのかどうか、きわめて心許ないという感想が残る。再度、検討する必要のある課題と考えられる。避難・誘導のための職員訓練のあり方を考え直さなければならないが、総務省や国土交通省では、被災自治体を支援する制度を創設していることも指摘しなければならない（防災に関する市町村支援方策に関する有識者懇談会「防災に関する市町村支援方策のあり方について―提言」2017年）。1つは、総務省の「災害マネジメント総括支援員」の被災地派遣である。これは、災害を経験した人材が持つ知見を被災地で生かそうとする計画である。もう1つは、国土交通省が主管する「緊急災害対策派遣隊」（TEC−FORCE）である。これは国交省の地方整備局に所属する職員をあらかじめ指名し、彼等を緊急事態発生に即応して自治体に派遣し、災害状況の把握や被害の拡大防止、それに早期復旧に従事させる仕組みである。両者とも、既に実績を上げてきた制度であるが、将来に関しては一層の充実が求められる試みである（国土交通省HP「TEC−FORCE（緊急災害対策派遣隊）について」http://www.mlit.go.jp/river/bousai/pch-tec/index.html）。

第2章

４識（織）の向上を考える
―意識、認識、知識、組織

1 不測事態への対応と4識（織）の重要性

危機管理という表現には、「おどろおどろしい」というイメージがつきまとう。むずかしい課題、できれば避けたい問題など、この言葉にはマイナスの印象が強い。しかし、改めて考えてみると、危機管理はそれほどむずかしいことではないようにも思われる。この政策課題は、究極的にはヒトの問題になる。どれほど大量の資金をつぎ込み新しい装置を導入しても、それを動かすのはヒトである。担当者が危機について日頃から意識し、認識を強め、知識を集めない限り、機材を設置しただけでは不測事態には対応はできない。自治体の場合には、それに組織編成が加わる。あらかじめ危機に対応できる組織づくりを考えておく、これは危機管理の要諦である。危機管理がヒトの問題であることを確認できる事件が起こっている。総務省消防庁が所管するJ-Alertと呼ばれる装置をめぐってのことである。これはスーパーバードB2と呼ばれる人工衛星を使い、緊急情報を全国各地の自治体に瞬時に伝達することができるシステムを指している。装置の整備には、少なくとも700万円前後の費用がかかると見込まれてきた。そのため、装置は自治体の間でなかなか広がらなかった。2009（平成21）年になって、当時の麻生内閣が補正予算でこれを全国の自治体に配備することを決め、装置はようやく各地の自治体に定着する方向に進んだ。装置が全国に広がる以前、2009年7月に北朝鮮がミサイルを2発、発射している。その当時、J-

Ａｌｅｒｔを装備していた団体は２８４市町村に過ぎなかったが、ある県では２つの市で人工衛星から届いた信号を２度にわたって無視するという失態が発生した。Ｊ-Ａｌｅｒｔの起動を怠ったことや警報を見過ごしたことが原因と言われているが、自治体は受信装置を設置しながらミサイルの飛来を追尾できなかった。これはヒューマン・エラーと呼ばれる失態である。その後、Ｊ-Ａｌｅｒｔが全国の自治体に配備されるが、同じような失敗は引き続き発生している。初歩的な人為的エラーが引き起こしたアクシデントである。これなど、危機管理は最終的には設備投資ではなくヒトの問題であることを示す格好の事例である（総務省・消防庁『平成29年版 消防白書』の特集10参照、２０１７年）。

Ｊ-Ａｌｅｒｔに限らず、大きな災害や事故はしばしば人為的ミスによって起こる。１９７９（昭和54）年3月にアメリカ・ペンシルベニア州の原発でメルト・ダウンが発生した。事故は予想以上の規模になったが、事後調査で原因の多くは担当者の誤解や誤作動などによるヒューマン・エラーと断定された。この重要な事故に関係して浮上したのは、災害に対応するアメリカ政府の関係機関が多数に及んだことである。基軸となって処理に当たる機関がなかったことが、事故の規模を大きくした。政府の方針が一元化せず、対応策は後手後手に回ったと言われる。その後、この事故を奇貨として１９７９年、当時のカーター政権は大統領に直属し、不測事態の対応に専属するＦＥＭＡ（連邦危機管理庁）を創った（中郁章「アメリカの危機管理行政」、『危機管理レビュー』5巻、２０１４年）。

2 4識の充実―資金軸と時間軸

危機管理の中身を高度化するためには、意識、認識、知識、それに組織の4識について、住民や自治体職員はともに感度を研ぎ澄ますことが必要になる。そのための教育や訓練を充実することが望まれる。問題は教育や訓練に豊富な資金を当てることはできないことにある。最近の地方財政を考えると、資金をフルに使った訓練の実施は財政的には難しい。現状が要求するのは、資金をかけないで効果が上る方法を探ることである。知恵を出し経費をかけない手法を模索することは、自治体のどの政策分野でも必要になるが、それは危機管理でも例外ではない。この分野でも、この先、創意工夫がこれまで以上に重要視される。

そこで、新しい施策を考案するため、タテとヨコ、それぞれ2マスのマトリックスを利用する（図表2・1参照）。ヨコ軸に「資金の要らない施策」と「資金が必要な施策」の2つの項目を置く。タテ軸には、およそ1年を目安にした「短期的効果」、それに5年から10年を

図表2・1　資金と4識充実のための訓練

	資金が要らない施策	資金が必要な施策
短期的効果	1 シミュレーション訓練、ブレーン・ストーミング、S-KYTなど	3 ハイテク技術の導入とローテックの重要性―衛星電話トランシーバー
長期的成果	2 組織編成、指揮命令系統の整備、自主防災組織など（PDACの実施）	4 まちづくりなど

出典：筆者作成

目標にした「長期的効果」の2つの項目を入れる。4識を向上させる政策は、こうしたマトリックスで考えると分かりやすい。マトリックス上には、4つの異なる政策オプションが作られる。1つは、「資金をかけないが、効果は短期に期待できる施策」1。2つ目は、同じように「資金は使わないが、効果が表れるまで5年以上の年月が必要な計画」2。3つ目は、「費用がかかるが、効果には即効性が期待されるもの」3。最後は、「資金をかけるが、成果が出るまでに10年以上の歳月が必要とされる政策」4である。

1 資金をかけず、効果は短期に期待できる施策

はじめに、資金をかけないで1年前後に効果が期待される計画につき、具体的な事例を検討したいと思う。ここでは5つの方法を取り上げる。

ア 基本訓練（ドリル）

防災訓練が一例になるが、その中身は様々である。一般的に行われているのは、住民や職員が参加する訓練の日程を予告した基本訓練（ドリル）と呼ばれる方法である。これは関東大震災が起こった9月1日、阪神淡路大震災の発生した1月17日、あるいは、東日本大震災の3月11日に実施するところが多い。この方法は、災害が発生した際、どのような課題が発生するかを予想し、いろいろな問題を体感できる点で効果があるかも知れない。ただ、訓練を告知するため緊張感や逼迫感という点では物足りなさが残る。なか

には、日曜日を選んで予告なしの訓練を行った自治体もある。これは、臨場感という点では効果が期待できるが、自治体職員などから不満が出るかも知れない。予告なしの訓練の成否は、関係者の不満や不平を説き伏せる首長の指導力にかかっている。

参考までに、自治体が防災・避難訓練をどの程度、実施してきたかを紹介すると、年1回というところがもっとも多い。ことに北海道・東北地方では、年1回、訓練を実施している市町村の数は、調査に回答した自治体164市町村の5割に達する（日本防火・危機管理促進協会「災害対策・対応における地方自治体と住民による協働に関する調査研究　平成29年度危機管理体制調査研究報告書」69頁、2018年）。反対に少ないのは九州・沖縄地方である。年1回開催と報告した市町村の数は、回答自治体92団体の内、4割に止まっている。目を引くのは、北海道・東北と九州・沖縄地方で数年に1回しか訓練をしないという自治体が、それぞれ2割近くに及ぶことである。これに対して、訓練を年2回以上実施する自治体もある。東海・北陸地方の自治体では、市町村の25％近くがこの分類に入る。これは以前から東海地方で予想される地震に備えての対応策と考えられる。

地域差とは別に防災訓練の実施は、自治体の規模にも関係している。町村などの小規模自治体になると、2割近いところが数年に1度しか訓練を実施していない（前掲、日本防火・危機管理促進協会、2018年）。一方、指定都市、中核市、特例市（調査当時）、特別区などの大規模自治体になると、32％近い市町村が年2回以上、防災や避難訓練を実施している（図表2・3）。大規模自治体では抱える住民人口も多

図表２・２　地域別の防災・避難訓練の実施頻度

No.	地域	数年に１回	隔年に１回	年１回	年１回～２回	年２回以上	その他
1	北海道・東北	**21.3%**	9.1%	**50.0%**	9.1%	6.7%	3.7%
2	関東・甲信越	6.5%	6.5%	**54.2%**	12.3%	**18.1%**	2.6%
3	東海・北陸	3.7%	3.7%	**48.6%**	14.0%	**23.4%**	6.5%
4	近畿	12.8%	1.3%	**55.1%**	11.5%	**14.1%**	5.1%
5	中国・四国	**17.6%**	5.9%	**42.6%**	10.3%	16.2%	7.4%
6	九州・沖縄	**20.7%**	5.4%	**41.3%**	13.0%	15.2%	4.3%

注：最も割合が高い区分を**太字**　、次いで高い区分を**太字**下線で表示

図表２・３　自治体規模別の防災・避難訓練の実施頻度

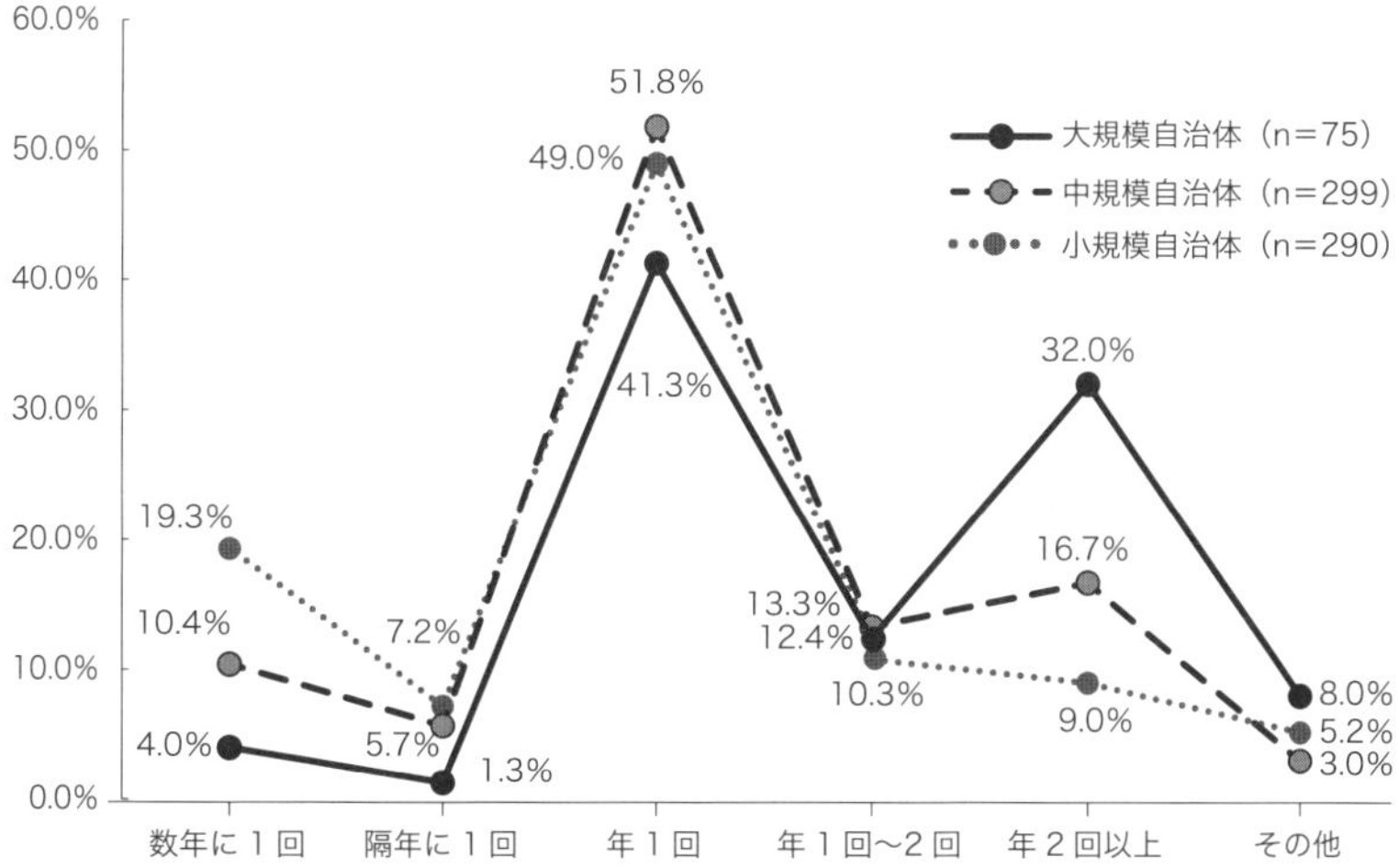

出典：日本防火・危機管理促進協会「災害対策・対応における地方自治体と住民による協働に関する調査研究　平成29年度危機管理体制調査研究報告書」69頁、2018年

いため、年1回では十分な防災訓練ができないのかも知れない。4識の向上という視点に立つと、市町村には少なくとも年に1、2回、防災や避難訓練を実施することが望まれる。

イ ロール・プレイング・ゲーム―劇場型訓練

基本訓練とは別に、図上訓練と呼ばれる方法がある。シミュレーション訓練、ロール・プレイング方式、あるいは、ディザスター・イマジネーション・ゲーム（Disaster Imagination Game）などの名称でも呼ばれるが、これも資金をかけず効果が期待される手法の1つである。一般的な運営方法を説明すると、図上訓練では始めに「コントローラー」と呼ばれ、災害やその対策などについていろいろな指示を出すグループが作られる。これに関わるのは少数のスタッフである。彼等の役割は、どのような事故や災害が何時、どこで発生したかを「考案」し、訓練の舞台設定を描き出すことである。その後、コントローラーは時間の経過とともに、災害が拡大する様子や、被害の規模などに関して小刻みに指示書を作成する。

それを受けるのは、「プレイヤー」と呼ばれる別のグループである。プレイヤーは、コントローラーから発出される様々な指示に対応する訓練の主役になる。災害の種類や規模、被災状況などを把握した上、課題解決のための行動指針を練り上げるのが、プレイヤーの責任になる。2つの異なるグループは普通、別々の部屋で作業を進めるが、相互の間でいろいろなやりとりが交わされる。コントローラーからプレイヤーの元に震度7の地震が発生し、各地で火災が発生しているという指示書が届く。火災に加え土砂災害が同時に発生したという状況情報が出されるかも知れない。そうした舞台設定を受け、プレイヤーは遅滞なく地域に適した対応策を考える。途中、コントローラーから被害者の数が増加しているという予想外の難題が出るかも知れない。プレイヤーが行動を起こそうとしている最中に、報道記者に扮した別のプレイヤーが意地悪な質問をぶつける展開もある。いずれも実際に起こるかもしれない、臨場感にあふれた状況を生み出す仕掛けである。

自治体を例にすると、市長が市長役のプレイヤーにならないことが重要である。できれば他の自治体と共同で訓練を実施し、市長役は他の自治体職員が演じることが望ましい。他の自治体との共同実施が無理であれば、市長に扮するのは部長や課長などである。図上訓練では、市長が報道記者役を演じるなど、それぞれの実務を離れた役割を果たすことが期待される。平常の事務とは異なる役柄に扮することで、各自が平常こなしている業務を客観的な視点から見直すことができる。それが、この訓練の目的の1つになる。

報道記者などを想定し実際に近い場面を生み出そうとする「劇場型」訓練では、無理難題が飛び出しプレイヤー役を困らせる場面も出てくる。劇場型訓練では真面目に取り組む結果、時としてプレイヤー同士の怒鳴り合いや一触即発の緊迫した場面も表れる。緊張感の続く訓練であれば、成果も大きくなる可能性が高まるが、問題は時としてプレイヤーが訓練であることを忘れる場合がある。真剣になり過ぎる結果、訓練の後、職場での人間関係がおかしくなるケースも発生する。

以前、明治大学で理事長や学長、それに幹部職員を対象にした災害訓練を実施したことがある。大学のキャンパスが当時、3つに分かれていたため（現在は4カ所）、災害情報をそれぞれの地区に伝達することに工夫が必要とされた。それ以上に大きな課題は、模擬災害が時系列で拡大する想定になっていたことである。学生の居場所は午前9時と昼12時、それに午後9時では大きく異なる。午前9時から午後5時頃までは学生の多くは、それぞれのキャンパスで授業を受けている。災害が大きくなると、大学側は学生を各教室に留める指示を出すことができる。午後5時を過ぎると大半の学生は校舎を離れる。その頃に不測事態が発生すると、大学として学生の安全に対して取るべき施策は限られてくる。学生には平時から大きな災害が発生した際の心得を指導し、それに従って行動を取るよう訓練を重ねるしか方法はない。この訓練から大学は平常時から、時間毎に学生の流れを把握することが重要であることを学んだ。これは訓練から得た大きな収穫であった。

訓練の途中、新聞記者に扮した社会人学生（数名は現役の自治体市長と議員であった）が大学の理事長や学長に詰め寄るという場面が出てきた。対応の遅いことを痛烈に非難するというのが舞台設定であった。予想しなかったことであるが、「記者」からの執拗な批判に大学の役職者は訓練であることを忘れた。やがて「本気」で怒り始めた。結果、訓練が一時、中断するという事態に発展した。訓練とは言え、ねじれた関係を修復することには骨が折れた。相当な時間と粘り強い努力が必要になった。

ウ 「学習型」訓練

そうした気まずい事態の発生を避けるため、「学習型」訓練を実施するという方法がある。これは、コントローラーから意地悪な指示は出さない。プレイヤー同士のいさかいも起きない。訓練はマニュアル通りに粛々と消化する方法で進む。学習型では劇場型よりも、プレイヤーが災害対応とは何かを体験し、それにどう対応するかなどに重点を置く。余分な劇場型の舞台設定はしないため面白みを欠くが、学習型は危機状況に向けた対応策を学び、それを検討するのが訓練の目的になる。現在、総務省消防庁は自治体の首長を対象に、1対1で危機対応を学習する訓練を行っている。「市町村長の災害対応力強化のための研修」と呼ばれるが、受講する市町村長を指導するのは「研修指導員」である。彼等は防災対策の研究者や被災経験を持つ実務家である。研修指導員と受講する首長は、マンツーマン方式で災害対応の態勢の確立、避難情報の収集と発信、大規模災害への対策、それに避難所の設置や運営などについて研修を受ける。受講する市町村長が受け取る情報は、実際の災害時と同様、事前に内容を知らせない「シナリオ非開示型」である。こうした方法から、参加者は災害時の混乱や緊迫した状況を肌で感じ、危機的雰囲気を疑似体験する。実践型の首長研修は、受講者の感度がよく今後も中身の充実したプロジェクトになることが期待される（総務省・消防庁『平成31年1月　消防の動き』573号、19頁、2019年）。

劇場型の図上訓練は自治体職員が参加することが多いが、学習型についてはそれを住民対象のプログラムに援用することが可能である。その際、中軸になるのは自治会や町内会、あるいは自主防災組織である。

地方議会人が創ることの多い後援会なども利用すべきである。住民を対象にした学習型の具体的な例として、地域のハザード・マップ作りが挙げられる。訓練のリーダーになる主宰者は、大きなテーブルと模造紙、それにマーカーなどを用意する。机の上に大判の模造紙を置き、それを10数名の住民が取り囲む。住民はマーカーを使って模造紙の上に地元の地図を書き始める。その際、危険な場所や行き止まりの小道、消防自動車が入れない細い道路など、町の様子を紙の上に再現していく。

この訓練は、住民自身がマーカーを使って地域にある危険箇所や障害になる場所を特定することを狙いにしている。そうすることで、発災時における住民避難は安全性が高まり、移動はスムーズに進む。場合によっては、地域の白地図を用意し、それをビニールで覆う方法もある。アイディアは同じであるが、住民は透明のビニールで覆われた白地図に危険箇所や障害物を書き止めていく。問題のある場所、危険な建造物などを確認した後、カバーしていたビニールを取り除く。下に残った白地図は別のグループの訓練に利用することができる。おカネはかからず成果の期待される防災訓練である。

いろいろなパターンが考えられる図上訓練であるが、訓練を受けると市長や職員、それに住民の災害に対する認識や意識は変わる。東日本大震災までに2度訓練を実施した首都圏のある自治体では、市長が事前の図上訓練が震災の際に大いに役立ったと述懐している（飯塚智規「市町村の機能的な災害対応のための体制構築に関する研究―意思決定・組織設計・研修」、『法政治研究』2019年）。

エ　KYT（危機予知訓練）の方法

「1個の事故には、29件の軽い事故、300件のミスがある」と言われる。これは、大きな事故が発生した背景には、前兆として多数の「ヒヤリ」や「ハット」など小さな出来事が重なり、それらの軽いミスがやがて大きな事故を誘発することを指す表現である。ヒヤリやハットする問題を回避し危機への感度を上げる訓練に、「危機予知トレーニング」（KYT）と呼ばれる方法がある。これは、元々、民間鉄鋼業の工場から始まった制度と言われている。今では、総務省消防庁が「S-KYT」（消防危機予知トレーニング）と名付け、消防士の危機回避訓練に使っている。他にもこの訓練は、民間企業の事故防止に努める中央労働災害防止協会をはじめ、建設業や自動車業界、それに医療や介護などの分野でも活用されている。汎用性の高い訓練であるが、コストをかけずに4識の向上に役立つ利点の多い方法である。

総務省消防庁の「S-KYT」は訓練のキットを開発し、それを各地の消防本部が訓練に利用するよう推奨している。地域の消防署などを単位に実施する訓練であるが、初めに班長を決め、10名前後の非番の署員が参加者になる形で始まる。教材に使用するのは数枚のイラストである。その一枚では、火災現場でハシゴを上る消防士の絵が描かれている。ハシゴの下部を押さえるのは別の消防士である。ここでは、ハシゴのかけ方に問題はないか、それを支える消防士の立ち位置は安定しているか、ハシゴは倒れないかなどの問題が話し合われる。参加者それぞれが、イラストから小さな危険を確認し、大きな事故の発生を回避しようとするのが、危機予知トレーニングの目指すところである。訓練には討論を円滑に進めるため班長が必要になる。班長は議論の整理役になるが、参加者自身のヒヤリ・ハットについて認識度を深めるファシリテーターの役割を果たす（図表２・４参照）。

　こうした危機予知訓練は、住民向けに開発することができる。その一例として、議会議員が後援会のメンバーを対象に実施する訓練が考えられる。班長役を務めるのは議員である。班長は参加者に自宅内に置かれた石油ストーブを提示する。ストーブにはやけどを予防するための囲いがない。周辺には洗濯物が散乱している。このイラストから、班長役を務める議員は参加した住民に危険と思われるいくつの問題の指摘を促す。討議のなかから、火事になる可能性ややけどをする危険性など、多数のヒヤリ・ハットが抽出されるかも知れない。班長が参加者からできるだけ多くの課

図表２・４　S-KYTシート「消火活動」

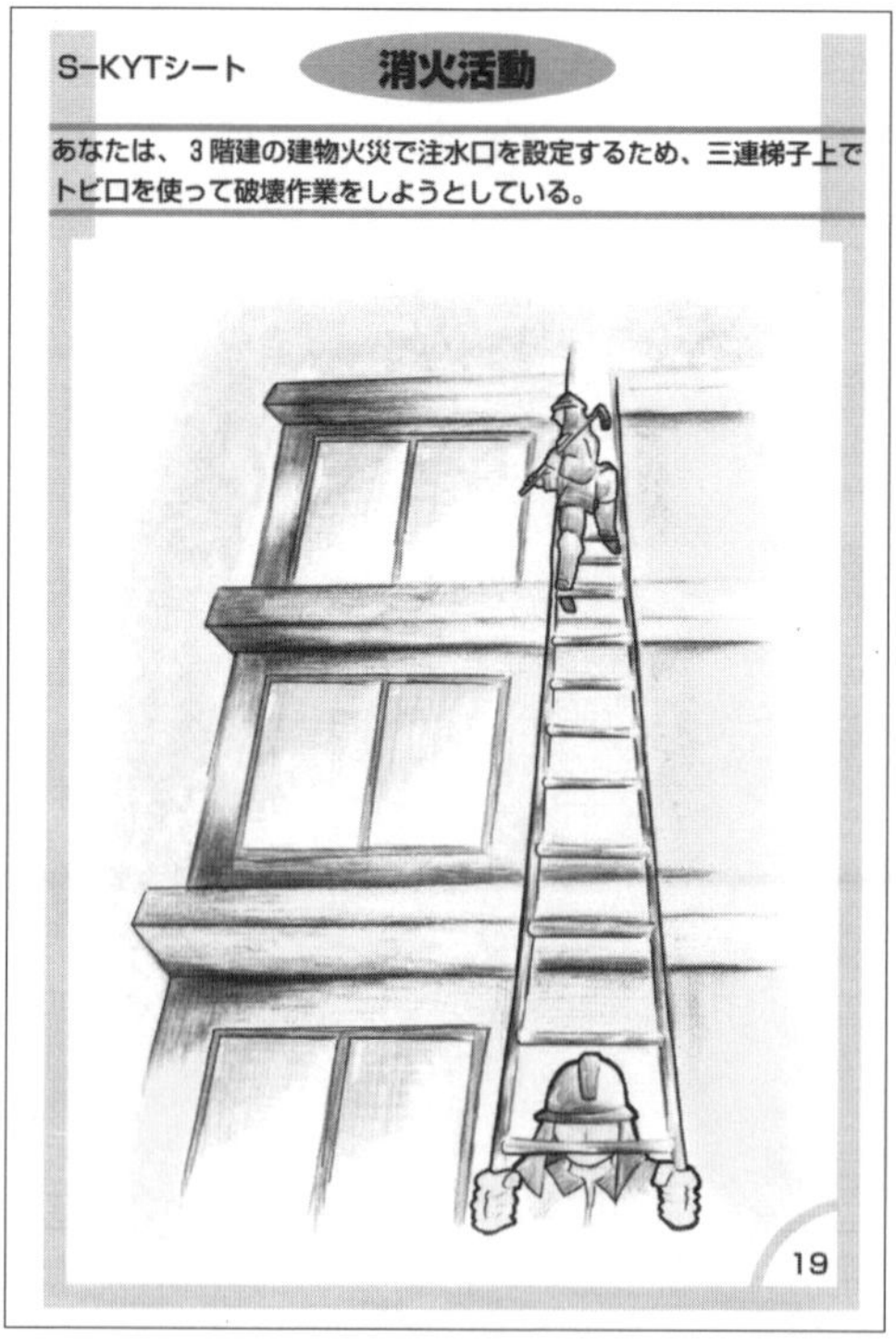

出典：消防団員等公務災害補償等共済基金、「S-KYT研修テキスト―S-KYTの知識と実践」

題を引き出すことができれば、訓練は成功ということになる。

オ ブレイン・ストーミング

自治体に限ったことではないが、職員や従業員が終業後の時間を割いて「ブレイン・ストーミング」を行うという方策もある。これもコストにとらわれることなく4識の向上に役立つ方策である。民間企業のなかには、就業時間が終了した後、従業員が自発的にグループ毎に集まり、その日の仕事の流れを反省し、品質管理の向上に努力しているところがある。ＱＣサークルと呼ばれるこの方法は、日本を代表する生産管理の手法として世界的な評価を受けてきた。これを危機管理の訓練に応用することが考えられる。自治体が閉庁した後、職員が不測事態の発生をテーマにミニ集会を始める。討議される課題は、事故が発生した場合の命令系統の確認、あるいは、災害によって登庁が困難になった際の職員間の連絡方法を整備することなどである。

自治体や民間企業で危機管理策を効率化する方法の1つは、できるだけ危機管理を事故発生時だけに限った特別なものとして扱わないことである。むしろ、危機管理を日常業務の一部として、平常事務のルーチンにくみ込むことが重要である。そのためには、職員が日頃から危機管理について意思疎通を図り、職員間で意見の交換を頻繁にくり返しておかなければならない。就業後のブレイン・ストーミングは、職員間の対話を促進する有効な手段である。職場グループを単位に短時間で行う討議では、指揮命令系統や担当部署の確認することが重要になる。

2 資金は使わないが、効果が表れるまで5年以上の年月が必要な計画

費用はかからない、しかし、効果も即効的でない。成果は長期にしか期待できない施策がある。それが図表2・1の2で示した施策である。長期的というのは最短で5年、最長の場合には10年はかかる政策効果を指している。

ア 危機管理対応の組織編成

一例として、自治体内部の組織を危機対応に改組し、災害に強い体制に再編しておく方法がある。今まで危機を経験した自治体を調査すると、多くが組織編成に難点があったと述懐している。経験則によるなら、大きな事件や事故がおこると、市長をはじめ副市長、それに総務部長や市民部長、さらには危機管理担当部署など、市政の要職にある人びとに仕事が集中する。幹部職員はしばしば72時間は一睡もできない。連日連夜、危機発生後の対策に追われる。国との折衝、県との相談、それに警察や消防、さらには自衛隊との連絡やマスコミ対応など、とるべき対策は圧倒的な数に及ぶ。

ある程度、時間が過ぎて多忙を極めた幹部職員が周辺をながめると、大多数の職員は何をしていいか分からず、ただオタオタし時間を浪費しているという実態を目撃することがある。なかには、たばこをすっ

てぼんやり時間を過ごしている職員がいるかもしれない。超多忙な時間を過ごす幹部職員と、漫然と時間を持て余す職員。この格差は災害などが発生するとしばしば発生する奇妙な光景である。不測事態が発生した直後では、対応責任が一部に過度に集中するという組織編成上の問題がある。何故、職務体制や責任分担に大きな濃淡が出るのか。その理由は組織編成に事前に十分な準備が行われていないからである。

こうした問題を緩和するため、一般職員に対しては、危機に際してどの役割に就くか、どのよう責任を負担するかを、あらかじめ平常時から明確に指示しておく必要がある。日頃から自治体職員には、それぞれ不測事態が発生すると、直ちに既定の持ち場につき、すぐに対応策の実施に移れる体制を身体でおぼえる訓練を重ねることが望まれる。これまで各地の自治体が持つ「地域防災計画」では、地震や水害、それに台風など、いくつかの災害を想定し、その各々を既存の部署に機械的に当てはめるという方法を採用している。風水害は防災課や危機管理課、鳥インフルエンザは農林課、それに深刻な感染症、パンデミックは市民課というがごときである。

ただ、従来の仕組みが実際に機能するかどうか、はなはだ疑問である。異なる災害を自動的に既存の部署に割り振りする手法では、発生した際に職員が何をすべきか、責任範囲や分担が不明確になる。それに代えて、職員がどのような役割を担うか、情報、避難、食糧、連絡など「機能」を中心にした組織編成に変えなければならない。現状では、そうした事前の取り決めや訓練がない自治体が多い。これを改善するため、市長には職場単位で名刺大の簡単なマニュアルを作ることを勧めたい。手製でもかまわない、これに情報担当、避難担当、食糧担当、連絡担当など、危機になるとそれぞれの職員が就くべき持ち場を書きこんでおくことが肝要である。区分けは、細部にわたる必要はない。ごく大まかな明記で十分である。要は、それぞれの職員が非常時に、どの部署に就くかを簡単に知る手立てを準備することが重要である。

そうした初歩的な簡易マニュアルが重要と目されるのは、職員の多くは平時に危機管理についてあまり関心を示さないからである。いくら口頭で危機発生時の責任を説いても、ほとんどの職員はそれぞれの仕事のことで頭は一杯である。災害にどう対応するかなど不測事態のことは記憶に残らない。「正常性バイアス」と呼ばれるように、そうした不規則な出来事の起こることは念頭から排除しようとする。そうした職員の心理状態を改善する方法が名刺大の危機管理マニュアルを準備し、非常時にはそれを見てそれぞれが担当部署の配置につく仕組みである。

イ　危機管理課、防災課の創設と人員配置

東日本大震災以後、危機管理の専門家と称する人びとが急増しているが、自治体の行政職で災害対応に長年にわたり関わってきたプロはきわめて少数である。危機管理や災害対応は普通、総務課が主管し、こうした部署でも他のところと同様、人事異動などが行われるのが通例である。数年間、危機管理行政に携

わった後、人事部や市民課に異動するのが、よく目にするパターンである。ところが、危機管理は片手間ではできない重要施策になってきた。危機は爆弾テロやハイジャックなど、内容が高度化し複雑化する傾向を強めている。その対応には専門家の知識と経験を必要とするようになってきている。早急にプロフェッショナルの成長が必要とされる行政分野の1つである。なかには、防災を担当しそれ以後、異動や定年を迎えた人びとをリスト化し、有事の際には経験者を活用する自治体もある。しかし、こうした事例はまだまだ一般化していない。

危機管理監などの職制を別置することが理想であるが、財源や人材などの点から、自治体のなかにはそうした職制を導入できないところがある。そうであっても、有事の際の総括責任者はあらかじめ特定しておくことが求められる。危機情報をこの特定のポストに集約する制度を作らなければならない。

もう1つ、自治体職員は日頃から様々な危機発生の可能性を探るクセをつけることが必要である。なかでも、危機管理の担当職員は行き止まりの道路を確認すること、緊急車両の通れない狭隘な道筋を覚知しておくこと、同時に緊急車両が通行できる道路を認識しておくことなど、危機のポテンシャルについて感度を鋭くすることが望まれる。そのためには、危機管理士や防災士などの研修に参加することも必要かも知れない。

なかには、危機対応のガイドラインやマニュアルをすでに作成している自治体もある。そうした地域では、ガイドラインやマニュアルをＰＤＣＡ（Plan, Do, Check, Action）にかけ、それらの有効性を定期的に点検することが必要になる。この点は、危機対応の組織編成についても同様である。危機管理向けに特別に編成された自治体組織には、賞味期限と使用期限をつけるべきである。特別仕様の組織でも、年限が過ぎると有事の際に機能しないことがある。実際、これまでの調査では、不測事態の発生を経験した自治体のなかに、準備していた組織や人事編成が役に立たなかったと報告した事例もある。組織編成の賞味期限は3年、使用期限は6年である。3年ごとに見直し、6年経つと再編成が組織編成の原則である。参考までに福岡市の危機管理体制の組織編成を紹介しておく（図表2・5）。

図表2・5　福岡市危機管理体制体系図

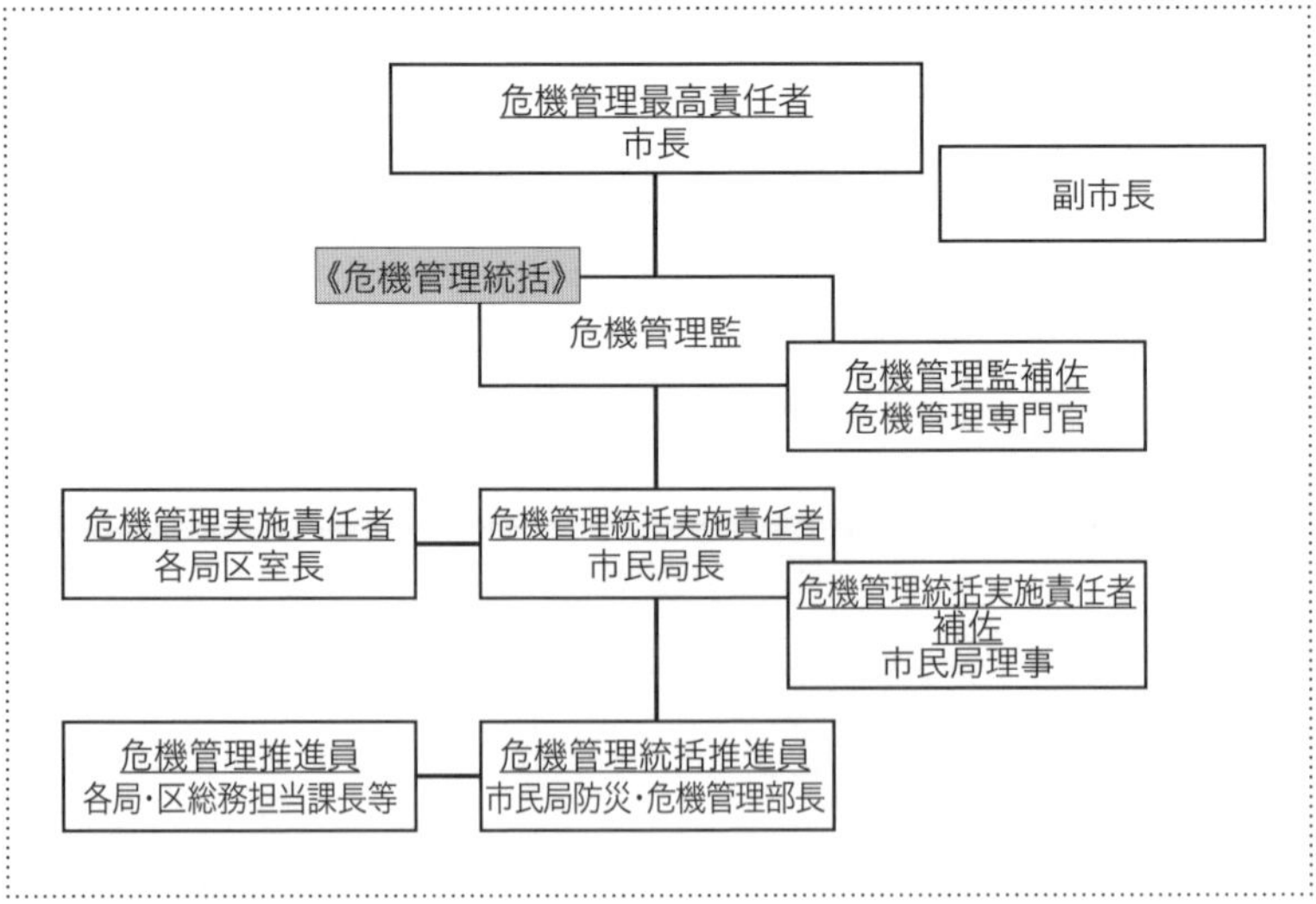

出典：福岡市『福岡市危機管理計画』福岡市、2017年
http://www.city.fukuoka.lg.jp/data/open/cnt/3/26591/1/hp_keikaku24_01.pdf?20180625165930

3 費用がかかるが、効果に速効性が期待されるもの

コストはかかるが効果には即効性がある、それが図表2・1の3の政策群である。この分野では、情報の収集と配信に関わる事例が多い。ごく一般化した例として、防災行政無線の設置がある。言うまでもないが、これは市町村の基地局から支局に情報を伝達し、そこから各地に設置されたスピーカーを通して住民に災害情報を届けるシステムである。支局を通さず基地局が、直接、各地の行政無線に情報を伝達する場合もある。この方法は、情報を一斉に流すという意味を込め「同報系」と呼ばれる。2018（平成30）年現在、1741自治体の内、1363件（78・3％）の団体が同報系の防災行政無線を設置している。複雑な手順を踏むことなく多数の住民に危機情報を即時に提供できる点で、この方法は優れた施策である。この先、すべての自治体に拡大することが望まれる（近藤玲子「非常災害時における情報伝達手段の確保について」、総務省資料、5頁、2017年）。

ただ、防災行政無線に問題がないわけではない。最近の豪雨被害や土砂災害では、雨音のせいで防災無線が聞き取れなかったというケースが出ている。こうした問題を取り除くため、高齢者向けに屋内にいても情報が聞き取れる自動起動式ラジオを配布する自治体もある。資本投資が必要とされる方策であるが、この方法を活用すれば災害情報はより確実に住民の元に届く。コミュニティ放送を利用し、そこから防災無線の情報を自動起動ラジオに転送するという試みもある。防災行政無線の情報を文字化し、それを自治体のホームページに掲載する仕組みや、文字情報を防災メールサービスから住民に配送する方策など、災

害情報の伝達方法は多様化が進んでいる。しかし、自治体にするといずれもコストのかかる事業であることは間違いがない。

人工衛星を活用しながら災害情報を配信する手法も既に実用化されている。「移動系」と呼ばれる仕組みであるが、衛星に集められた災害情報を自治体の車や災害現場で作業する職員に直接伝送するのが、その中身である。IT系企業の間では、災害情報の伝達が多様化するなか、情報発信を一元化し、それを自動的に配信する仕組みを開発するところも出てきた。自治体のホームページに掲載される情報、防災メールサービス、それに移動系に配信される防災行政無線などを、自治体で集約しそこから各方面に一斉に伝送する装置が開発されている。福島県の南相馬市は、こうした多元的な災害情報システムを導入した自治体の実例になる（小野寺昌隆、山崎規史、阿部健太「市町村同報系防災行政無線システム～災害情報伝達の多様化に向けて～」、『NEC技報』66巻1号、2013年）。

ICTの時代、防災情報対策はこの先もアナログからデジタルに変更することが求められる。これにはコストがかかるが、電子化による効果はアナログよりも数段、上回る。ただ、情報装置のデジタル化にはいくつか課題が残る。指摘するまでもないが、デジタル化は電気の供給によって成り立つ。2016（平成28）年8月に襲来した台風10号の影響で、土砂災害から被害を受けた東北地方のある自治体では、発災と同時に地域一帯が停電になった。そのため、役所の電話やファックスなどが機能不全に陥り住民を救済する作業が大幅に遅れた。状況はやや異なるが、1995（平成7）年の阪神淡路大震災では神戸市役所が倒壊し、地階に置かれた電子機器は機能せず復旧作業などは、一時、手動による作業を強いられたという経緯がある。

そうした経験を念頭に置くと、防災対策のデジタル化は重要であるが欠陥もある。場合によっては、災害対応にアナログな部分を残すことも考慮すべきかも知れない。旧式の対応策はデジタル方式が機能不能に陥ったときの予備的装置である。利用方法にもよるが、アナログ式によるバックアップ策は予想以上の効果を発揮するかも知れない。これは情報に限ったことではない。実例に東京都・墨田区の施策が注目される。墨田区は、１９８５（昭和60）年、国技館が新しく創建されるのを機に、日本相撲協会に対し大屋根から降る雨水を貯蔵槽に貯めることを提案した。それを水洗トイレや空調の冷却補給水に利用するのが、墨田区提案の意図であった。国技館の雨水利用は3年後から本格化するが、合わせて、同区は一般の家庭に対しても「路地尊《ろじそん》」と呼ばれる雨水の貯水槽を設置することを奨励した。これには３つの目的があった。１つは、隅田川の氾濫を防止するため、２つ目は水資源を雨水や植木、それに洗濯やトイレの流し水などに取り込むためである。３つ目が最も重要であるが、住民が貯めた雨水は発災の際には飲み水の他、消火活動にも利用できる。墨田区の試みは、デジタル化の推進は必要であるが、アナログな手法は見捨てるべきでないことを示している（株式会社タニタハウジングウエア雨水利用事業部「ここまで進んでいる日本の「雨水利用」」）。

4　資金をかけるが、成果には10年以上の歳月が必要とされる政策

資金を必要とし、効果が出るまでに長期の時間を必要とする施策が最後の図表2・1の4になる。現在のような財政事情では、資金投下をしながら効果が長期にわたって期待できない政策は、多くの自治体では選択肢にならない。例外は復興のためのまちづくりである。参考までに言うと、関東大震災も阪神大震災もまちづくりの不備が被害を大きくした。関東大震災の場合、東京という空間が江戸時代の町並みを引き継いできたことに問題があった。江戸の人口はおよそ110万人と推計されるが、その内、武士が50万人、町人も50万人、残りは寺社関係者などが占めた。ところが、江戸の町割りを見ると、7割は武家地、町方が住む町地はわずか15％。残りの15％は寺社町になった。つまり、数の多い町方人口は、エリアの狭い環境劣悪な地域に押し込まれていた。

状況は江戸が東京に変わっても変わることはなかった。武家地は皇族、明治政府指導者、それに軍人などの居宅、それに軍事施設に転用された。一般市民は引き続き「下町」と通称される狭隘な地域に肩を寄せ合って住んだ。関東大震災が発生した際、被害は下町地域に集中している。そこには消防車が入れない狭い道路、行き止まりの道、それに古い木造家屋が密集していた。火事が発生すると火は瞬く間に広範囲に広がり、多数の家屋が延焼した。それが東京上空を通過した低気圧と相乗効果を起こし、その影響は現在の墨田区にあたる地域の旧陸軍被服廠跡地に集中した。その広場には多数の住民が避難していたが、熱風によっておよそ3・8万人の人びとが焼死した。結局、関東大震災は死者・行方不明者は16万人と推計

される大惨事になったが、東京で一般向けの宅地が中野や三鷹など西側に広がるのは、大震災以後、東京市の市域拡張が行われてからのことである。

一方、阪神淡路大震災では神戸市の長田地区に被害が集中した。これは、１９６９（昭和44）年から5期20年、神戸市長を務めた宮崎辰雄市長が推進したまちづくりの手法と無関係ではない。宮崎市長は神戸市を「神戸株式会社」に変えたと言われてきた。六甲山麓を切り開き、そこに若者を対象にした宅地開発を推進した。掘り起こした土は神戸港の埋め立てに使われ、ポートアイランドの建設に利用された。神戸市の長田地区を中心に、若い家族は新しく開発された山手地域に新居を求めた。長田地区などに残ったのは古い住宅と高齢者人口であった。そこを地震が直撃した。神戸市で命を失った被害者の多くが、60代を超える人びとが占めたのは、そのためである。

ア　災害復興と土地区画整理事業

日本では災害からの復興には特別法を作り、土地区画整理事業と呼ばれる手法が援用されるのが通例になってきた。これは元々、ドイツでアジケス法と呼ばれた耕地整理の仕組みに由来している。荒れた耕地を整備し農業の生産性を高めようとするのが、この手法の目的であった。関東大震災後を機に出てきた「帝都復興」では、耕地整理の手法を基礎としながら、その中身を大幅に変えている。耕地整理は住宅やその他の建造物がない畑地を対象に実施される。ところが、東京市（１９４３年まで存続）を中心に進められた土地区画整理事業は、住宅や建造物が建ち並ぶ市中の事業であった。そのため、各地で住民から強い反対の声が起こった。難渋をきわめる事業になったが、関東大震災の復興を機に登場した土地区画整理事業は、それに続く災害復興のモデルになった。原型は現在にも継続され、復興事業の重要な手法として今日にも影響を止めている（中邨章「試論・帝都復興計画の消長」、『東京市政と都市計画』１９９３年、敬文堂）。

図表２・６　土地区画整理事業―公費施行

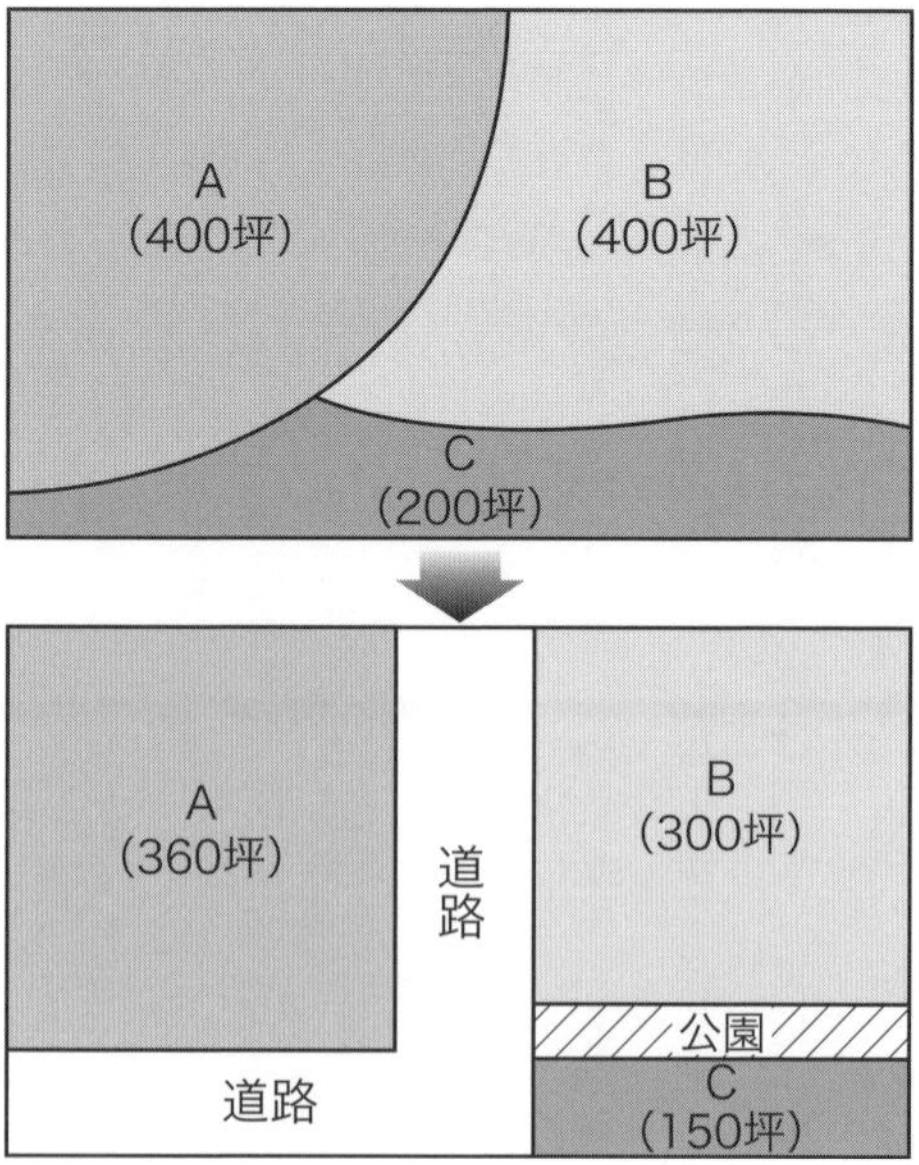

1　公共減歩→道路・公園
2　補 償 金→減歩率10%以上

帝都復興は国の事業として施行された。当時、後藤新平・内務大臣の秘書を務め、戦後長らく東京市政調査会の理事長の職に就かれた田辺定義氏によると、東京市は被災地を25区に分け、それぞれに土地区画整理事業を実施することに決めた。この方法では減歩《げんぶ》という表現が重要な意味を持つ。理解を進めるため、１０００坪の土地をA、B、C、３名が所有すると仮定する。所有する割合は、AとBがそれぞれ４００坪、Cは２００坪である。この土地に区画整理が開始されるが、その結果、地域に道路が新設され、公園があたらしく作られる。地域の景観は大幅に改善されるものの、A、B、Cの所有する土地に事業がかぶって所有面積は削られる。Aの所有地は40坪削られ360坪に、Bは100坪減の300坪、そしてCの土地は50坪減って150坪に低減する。個人が所有する土地が、公共目的に使われ所有面積が減ることを「公共減歩」と呼んできた。関東大震災では、減歩率が10％を超えると、超えた部分について政府は地権者に補償金を支払った。400坪を所有する地権者で40坪減歩されたAのような場合、政府からの補償はなかった。BとCについては、それぞれ失った土地25％の内、15％について政府は補償金を出した。

イ 区画整理事業の変遷と反対

ちなみに、戦後の戦災復興事業でも区画整理の手法が使われた。しかし、政府は資金難のため補償率を変えている。戦後復興の場合、政府は減歩率が15％を超えた部分に補償を出すことに改定している。その後、高度成長期の60年代に入ると道路の新設や拡幅、それに駅前広場などの整備のため区画整理事業が使用される割合が増えた。この頃になると、従来の面積を基本に減歩率を計算する方法は使われなくなった。代わって、「総価格制」と呼ばれる手法が用いられた。新しい方法では、減歩は問題にされず地価が補償の基本になった。

一例を引くと、100坪を所有する地権者の場合、整理事業が始まる前の地価は坪1万円とすると、地価総額は100万円になる。区画整理事業が始まり所有地の半分、50坪が道路の新設に使われた。地価で換算すると、残された土地の価値は半減、50万円にしかならない。しかし、事業の実施で道路が整備されるなど、地域の景観は大きく変化した。そのため、地価は坪当たり1万円から3万円に値上がりした。結果、土地の所有面積は50坪に減少したが、地価は150万円に上がったことになる。区画整理事業は個人所有の土地面積を半減させるが、地価を大幅に上げる効果を生んでいる。地権者にとって土地区画整理事業は、地域環境がよくなる上、地価上昇をもたらす願ってもないプロジェクトと考えられた。

事業の実施主体である政府や自治体は、個人の所有地が半減しても、地権者の資産価値が上がる以上、補償の必要はないという論理に立った。この理屈を使い高度成長期、政府や自治体は各地で道路や駅前広場などの整備事業を広く展開した。時として区画事業は、地権者に事前の説明や相談なく進められることがあった。強引な進め方も少なくなかったため、政府や自治体など公共施行の土地区画整理事業に対して、住民のなかからやがて強い反対が出てきた。

文芸評論家として著名な平野謙氏は、1978（昭和53）年、『区画整理法は憲法違反』と題する著書を刊行している。平野氏によると東京・世田谷区の居宅に、ある日、突然、区役所から自宅に隣接して道路が新設されるという通知を受け取った。それに関連して区画整理事業が実施される旨の連絡が届いた。これは、同氏にとっては「寝耳に水」の話しであった。自治体が勝手に自宅の面積を削って道路を作るなどは、憲法で保証する私的財産権を侵害するものというのが、平野氏の見解である。一方、実施主体の自治体は、事業が完成すると地域環境は良くなる、その上、道路ができると地価が上がって個人の資産価値が上がると主張した。

平野氏の見解では、自治体の論理は所有する土地・家屋を売却してはじめて成り立つ話である。自宅を売却する意思のない平野氏には、土地価格の上昇はどうでもよかった。それよりも、所有地が削減され生活環境が壊されることが耐えられなかった。神奈川県辻堂でも同じような出来事があった。道路建設に反対する住民はやがて市民運動を立ち上げ、徹底抗戦の姿勢を取り始めた。この運動はやがて全国に広がり、土地区画整理事業に対しては、各地の反対運動が連携を強める事態に発展した。しかしながら、高度成長期が過ぎると、道路など公共設備が一応、整ったこともあって、区画整理自体がやがて下火を迎える時代に移行した。

それが再び注目を集めるようになったのは、阪神淡路大震災の後、復興が問題になった頃のことである。神戸市では11の地区が市による公共施行、２件については住民自身が主体になる組合施行という形式を採って区画整理が進められた。神戸市が実施する11件に関しては、それぞれの地域に「まちづくり協議会」が作られ、自治体と住民がくり返し相談を重ねながら、計画を練り事業を展開するという方法が取られた。こうした地道な努力は、自治体と住民との間に信頼関係を育む大きなメカニズムになった。神戸市の区画整理事業は、震災から16年を経た２０１１（平成23）年、ようやく完成することになった。

日本ではまちづくりではまだまだ問題を抱えている。土地価格が高いことや、保有規模が零細化していることなど、わが国の都市は災害に対してなお脆弱である。ことに大都市になると、木造家屋が密集（木密）している危険地域がある。これを災害に強い町並みに改造することが急務であるが、そのためには膨大な時間と経費がかかる。道路の整備や公園の新設、それに計画にもとづいた住宅の建設など、いずれをとっても現在の自治体の財政状況ではむずかしいと思われる難題が並ぶ。政策図表2・1の4の選択は、当分、多くがお預けになる可能性がある。

第3章

住民と災害
―自助、共助、公助の役割

1 住民の行政批判と公助依存―救急車から見える自助意識の不足

1 矛盾した住民の行政感―批判と依存

これから、日本の災害対策を「住民」という視点から検討しようと思う。それに先立ち、日本で住民は行政や公務員に対してどのようなイメージを持つかを探っていきたいと思う。ごく簡単に言うと、日本では他の国に比して、住民は行政や公務員に対してきびしい意見を持つことが多い。ＯＥＣＤ加盟国を対象にした国際的な調査では、日本はドイツと並んで公務員に対する信頼度が低い国にランクされる。公務員に対する不信度は67％、職員を信頼するという回答は32％止まりである。ところが、この調査結果をそのまま鵜呑みにすることはできない。そうした数字の間から住民の甘えやホンネが見え隠れするような気がするからである。それではと次の質問をぶつけると、住民の公務員に対するイメージは別の顔を見せることがある。行政や公務員についてネガティブな回答を寄せる住民に、自治体が現在、提供している福祉や教育、それに医療など行政サービスについて、将来はどうするつもりかを質すと、圧倒的に「行政責任」という答えが返ってくる（『World Values Survey Wave 5: 2005-2009（世界価値観調査、２００５－２００９年版）』をもとに筆者集計）。

日本で住民は表面的には行政や行政職員に批判的である。役所はダメ、行政は仕事をしない、公務員ほど楽な仕事はないなど、よく耳にする行政への批判である。ところが、住民は行政を評価するに当たって、タテ前とホンネを使い分けているような気がする。タテ前はともかくホンネになると、特に地方行政についてそれに依存する傾向が強いのが、日本に多い住民の特徴である。悪口を言うなら自治体に依存するなとも言いたくなるが、ホンネでは住民は行政を信頼し頼りにする割合が高い。それが証拠に行政に対して否定的な感想を持つ住民に、子息を将来、どのような職業に就かせたいかを尋ねると、公務員という回答が上位を占める。ここにも住民の行政に対する屈折した甘えを垣間見る思いがする。

2　救急車から見える公助依存

防災対策においても状況はほとんど変わらない。住民は自治体などが提供する公的サービスに依存する割合が高いのが実情である。阪神淡路大震災の経験から、災害が発生すると自分の身は自分で守る「自助」は7割、近隣の住民と力を合わせる「共助」が2割、それに対して「公助」は1割と言われてきた。ところが、住民の中にはこの割合が今でも逆転している人びとがいる。大きな災害が発生した場合でも、110番や119番に電話をかければパトカーや救急車は来ると信じている住民も多い。これはアメリカなど自助が当たり前、公助は頼りにならないと考える国では想像もできないことである。

例えば、自治体への公助依存の一例として救急車がある。日本では119番に電話をかけると救急車は平均8分以内に現場に到着する。必要があれば40分前後で医療機関に搬送もされる。日本ではそれら一連の救急救助作業は自治体の費用で賄われる。救急車が無料であるためかも知れない、2017（平成29）年の救急出動件数は全国総計で620万回に達した。搬送人員数も562万人に増加している。問題は出動件数が右肩上がりで上昇していることにあるが、2017年の出動総計は620万回、これは前年比8・8％増に当たる。なかには、軽微な症状で救急車を呼ぶもの、それをタクシー代わりに利用する人、あるいは、診療の待ち時間を減らすため救急車を使う住民など、緊急車両が安易に利用される事例が後を絶たない。救急車が出動しながら搬送することがなかった不搬送と呼ばれる件数も増えている。出動回数の10％は不搬送という指摘もある（総務省・消防庁『平成29年版救急・救助の現況』2017年）。

他の国では、救急車や消防車などの出動は有料という例が多い。その上、現場への到着にも時間がかかるのが通例である。ヨーロッパの例では、イギリス、フランス、それにスウェーデンやルーマニアなどで救急車は有料である。自助努力にアクセントを置くアメリカの場合、状況はより極端になる。救急車の要請には最低でも1000ドル、場合によっては6000ドルの費用がかかる。

古い話になるが、アメリカの大学で勉強していた頃、生活費に困って簡単な「卵かけご飯」を食べたことがある。当時、卵が生で食べられるのは殺菌技術の進んだ日本だけということを知らなかった。数時間後、サルモネラ菌による食中毒に罹り激しい腹痛と高熱に見舞われた。やっとの思いで救急車を呼んだが、到着した救急隊員が最初に口にした質問に目を丸くした。救急車の搬送料金を払えるかと尋ねてきたのである。これは予想外のことであった。料金は当時の家賃の2倍にも及んだ。それを知った救急隊員は「学生か、歩けるか」という質問を続け、結果、自分の車で病院に行くよう勧められた。仕方なくアタマから毛布をかぶりガタガタと震えながら大学病院まで運転した記憶がある。この体験から、以後、外国に出ると生卵は注意し、半熟でも食べなくなったことは言うまでもない。このとき初めて日本で救急車が無料であることのありがたさを痛感した。

3 乖離する知識としての自助と行動としての自助

日本における住民の公助依存は、別の面からも確認することができる。災害など緊急事態が発生した際、誰が最も頼りになるかを調査したことがある。この設問に対して「家族」という答が一番多く、回答数はおよそ80%を占めた。これに続くのが「自分自身」の75%になった。日本で住民は災害など危機的な状況が発生すると頼りになるのは家族を含めた「自助」であることを認識しているようである（図表3・1参照）。自分の身は自分で守らなければならないことは意識している住民であるが、それではどのような備えをしているかを調べると予想外の結果が浮かび上がった。調査結果では、「非常物資の備蓄」をしているという回答は18・9%に止まった。また、自治体がタンスなどの「耐震補強」などに提供している援助を利用したことがあるかという設問にも、「ある」と回答したのは14・5%にしかならなかった（図表3・2参照）。

図表３・１　災害時の信頼主体

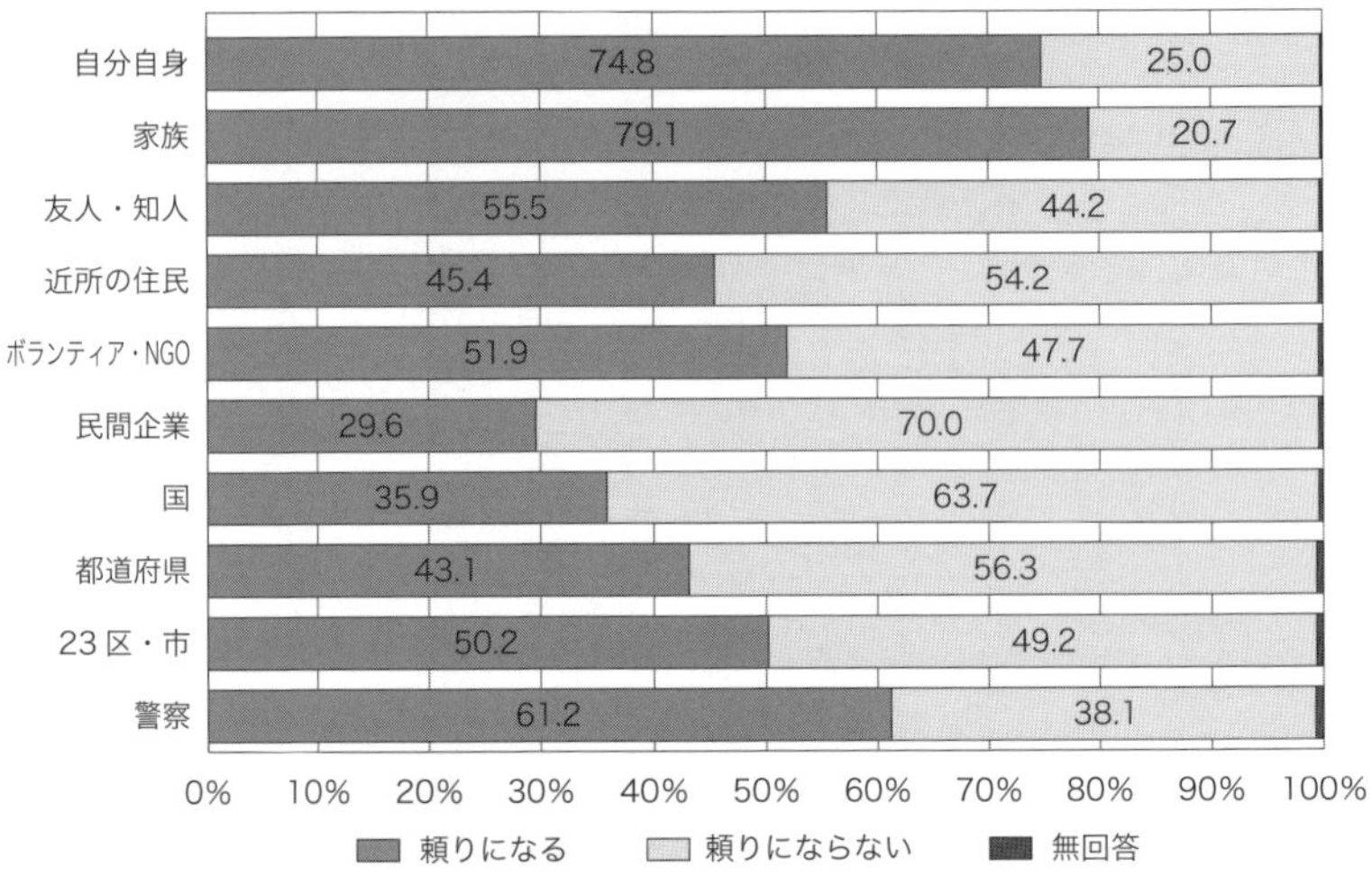

図表３・２　近隣共助と自助不足

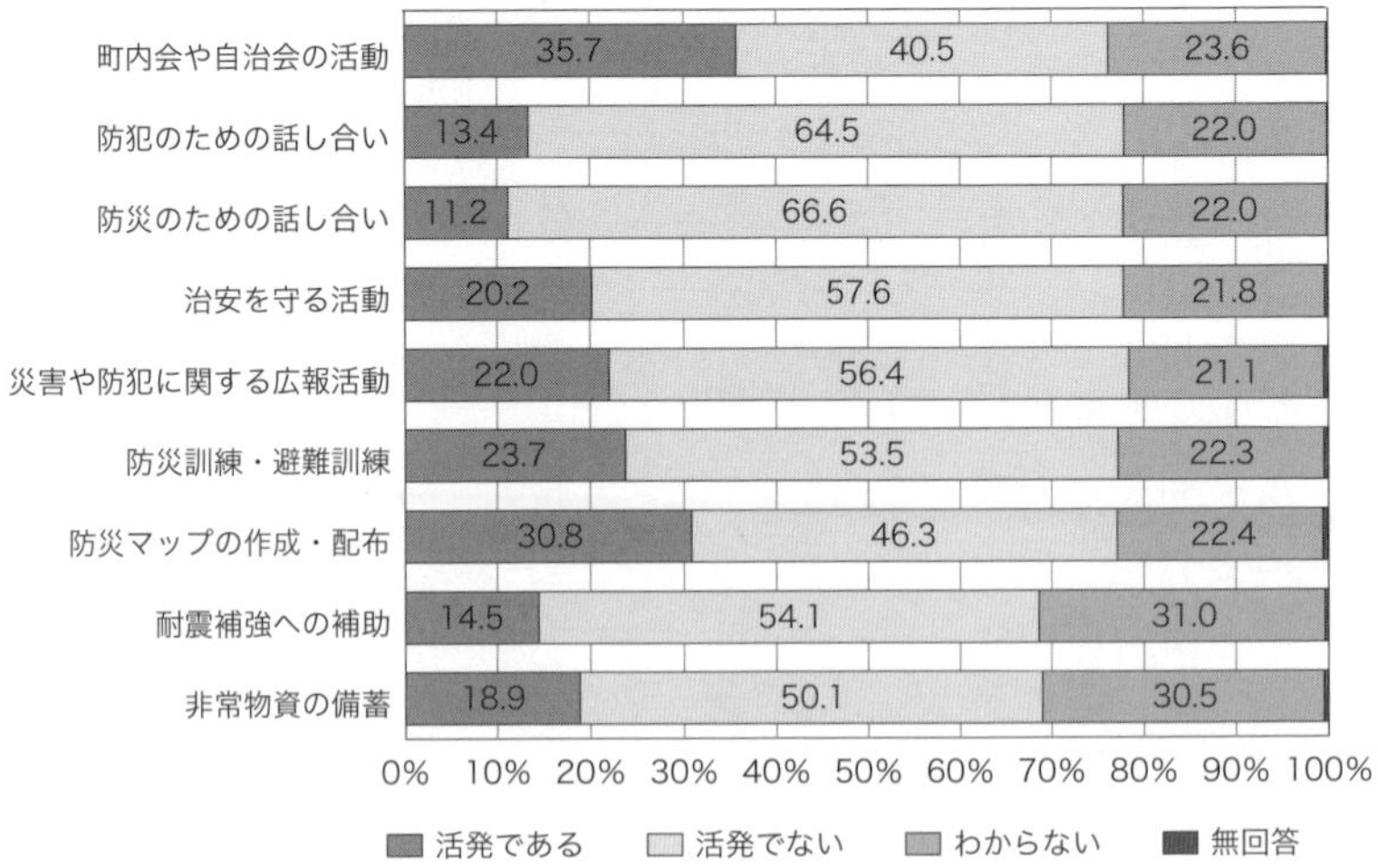

出典：明治大学危機管理研究センター「住民意識の動向と地域の行政対応に関する研究　首都直下地震防災・減災特別プロジェクト　3.　広域的危機管理・減災体制の構築に関する研究」21頁、2012年

住民は災害が起きると自助が重要とアタマでは理解している。ところが、それが行動に結びつかない。自助の大切さは観念として理解できても、それが飲料水や食料を備蓄すること、タンスやテレビが倒れるのを防ぐ事前の措置をとるなど、実際の対策を講じる行動に連動していない。概念としての自助と、それを具体化する行動としての事前準備との間に乖離が生まれている。それが日本の住民に特徴的な危機管理意識である。この格差を別の表現に翻訳すると、住民は災害など大きな問題に直面すると、最終的には行政が対応してくれると信じ込んでいるように見える。日本の住民に根強い公助への依存体質は今後改める必要がある。自助が確立しなければ共助も実現しない。その意味でも住民の自助意識を強化することは喫緊の課題である。

2　自助と公助―アメリカの場合

1　グローバル化を進める行政批判

今、世界的に政府や自治体の信頼性が低下している。先進工業国家と開発途上国を問わず、多くの国で国民や納税者、それに住民と呼ばれる人びとは、政府や自治体への不信感を募らせ公的機関を信用しない傾向を示してきている。その点、日本も例外ではない。既に一部指摘してきたように、日本で政府や自治体、

図表3・3　政府・自治体への信頼

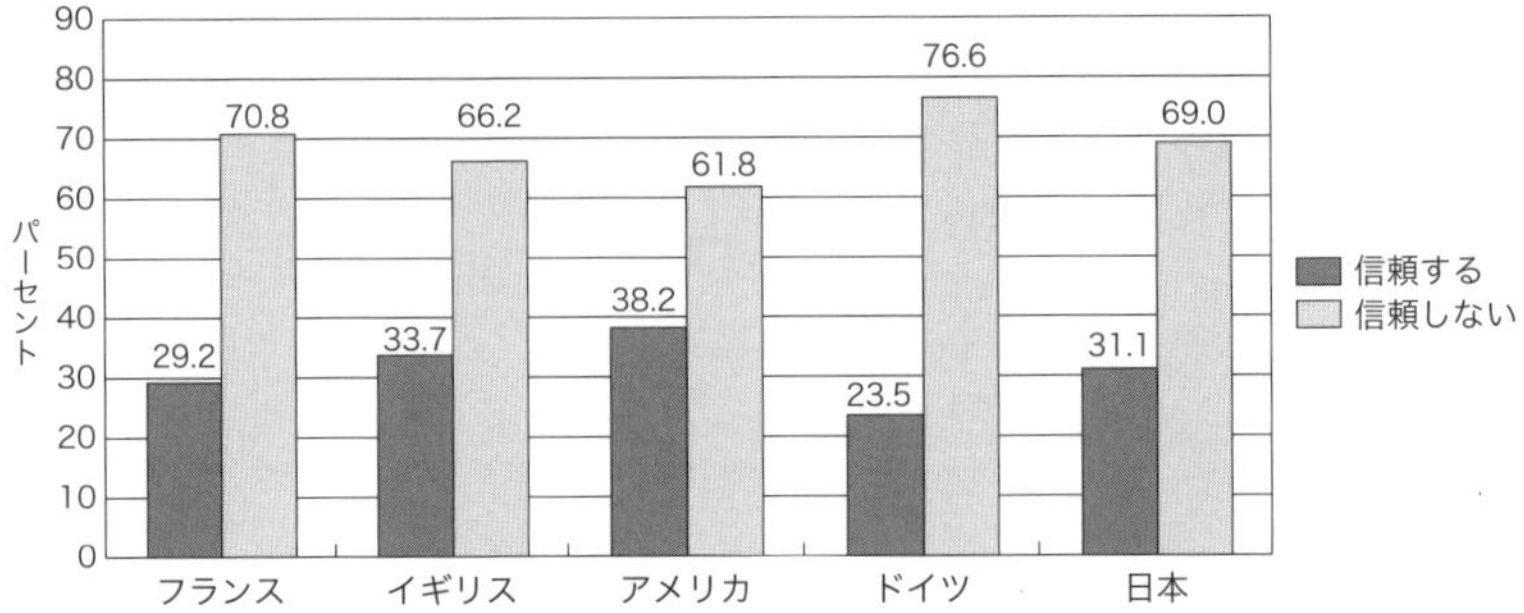

図表3・4　公務員への信頼

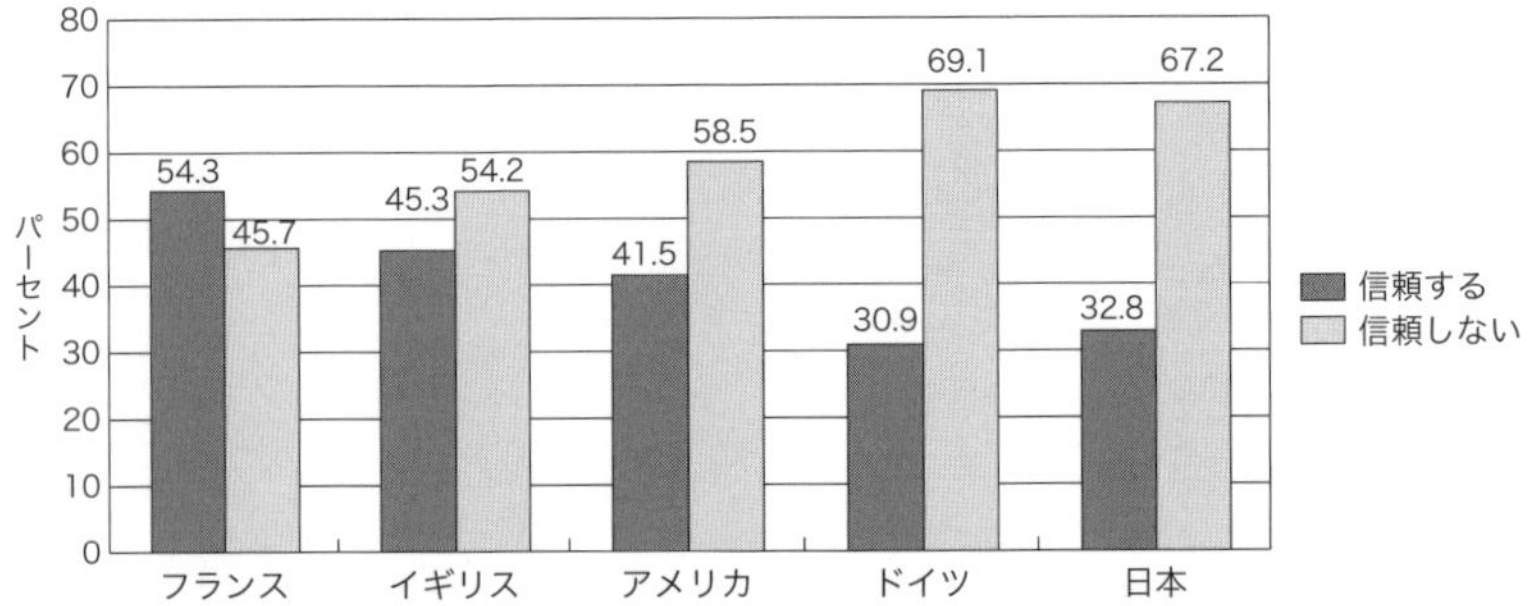

図表3・5　個人責任か行政責任か

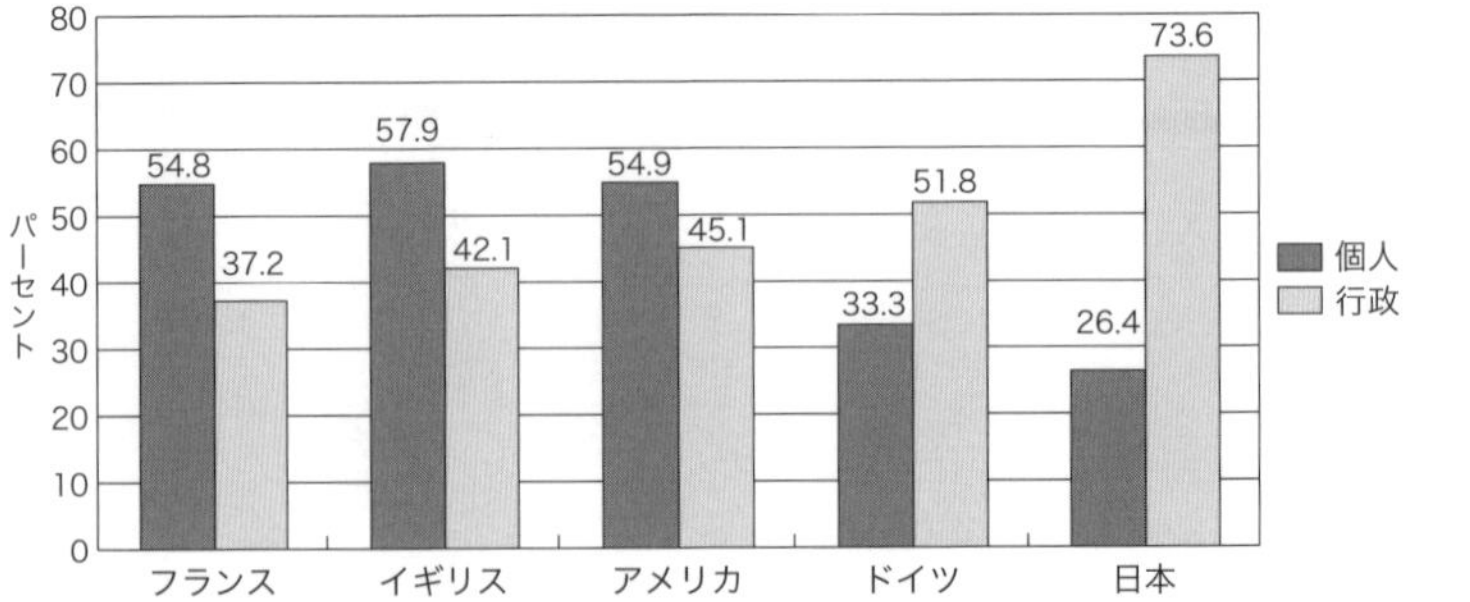

出典：『World Values Survey Wave 5: 2005-2009（世界価値観調査、2005～2009年版）』のデータをもとに筆者作成

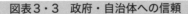

それに公務員への信頼度は、ＯＥＣＤ加盟国の中では低い国の1つに入る。ちなみに、政府の実績を評価しないという回答は日本では69％に達する。これは、フランス（70・8％）とほぼ同列、ドイツ（76・6％）をやや下回る比率である（図表3・3参照）。一方、公務員を信頼しないという回答では、日本はドイツ（69・1％）と並んで先進工業国家では67・2％の高い数値を示す（図表3・4参照）。公務員にとってはありがたくない結果であるが、日本で公務員は信頼性の低い職業とみなされているようである。

日本の場合、問題はその先にある。他の国では政府や自治体、それに公務員を信頼しない国民に、将来はどうするかを尋ねると、ほとんどのところが「個人責任」という回答を寄せる。政府・自治体、あるいは、公務員に頼らず、この先はＮＧＯやＮＰＯなどの組織を作り、自助によってさまざまな問題を処理するというのが、アメリカやイギリス、それにフランスなどに多い回答である。興味深いことに日本では、それらと異なる回答を寄せる事例が多い。政府や自治体を批判し、公務員を信用しない日本の国民であるが、将来はという設問では73・6％が「行政責任」と回答している。つまり、政府・自治体を批判するが、この先のことになると自助よりも公助に頼ろうとするのが、日本の平均的な住民像である（図表3・5参照）。

2　自助中心のアメリカ―クラニック家を襲った災害

これは危機管理に関してきわめて重要な意味をもつ。アメリカやイギリスに代表される先進工業国家の人びとの間では、自分のことは自分で対応する自助は当然のことである。そうした国々では、住民は政府や自治体は頼りにならないと考えている。とりわけアメリカの場合、政府や自治体に依存する公助は建国の精神に反するとさえみなされる。地方自治体は税金の無駄づかい、必要がないとまで言い切る人びとも多い。最近、消火活動に関して、アメリカ国中の関心を集める事件があった。アメリカの南部テネシー州にオビオン郡というところがある。農家が多い田舎町であるが、この町では住民は不測の火事などの発生に備えあらかじめ年間75ドルの税金を支払っている。いわば保険のようなものであるが、この町ではそれを払わないと火事の際に消防車は駆けつけない。ここに住むジーン・クラニック氏は、そのことを身をもって体験している。

同氏の家は２０１０年９月29日に火事に見舞われた。出火と同時にクラニック氏は、火事が個人の手におえない規模であること覚知し、即刻、緊急用の９１１番に電話をかけた。消防車の出動を要請したが、問題は同氏が75ドルの税金を事前に払っていなかったことにあった。消防署は規則に従い同氏からの出動要請を拒否した。あわてたクラニック氏は、その場ですぐに75ドルを支払うと懇願したが、これは認められなかった。火勢は一層、強まり、隣家に類が及ぶ可能性が出てきた。幸いなことに、隣家は税金の支払いをすませた住民であった。そのため、隣家からの出動要請に消防署はすぐに対応し、消防車は即刻、現場に駆けつけた。ただ、規則に忠実な消防隊は現場に到着しても消火活動に入らなかった。その間、クラニック氏の自宅は燃え続け、結局、同氏の家は全焼する始末になった。消防隊が活動を開始したのは、火事が隣家に延焼を始めてからのことであった。

さすがにこの事件はさまざまな反響を呼んだ。しかし、保守派やリベタリアンと呼ばれる個人主義派は、消防隊の対応を当然のことと考え郡政府の対応を擁護した。自治体の多くが財源不足に悩まされる中、税金の未払い者が消防という公共財をタダで使おうとすることこそが問題というのが、彼らの立場である。その一方では、今回の消防隊の活動は行き過ぎ、非人道的と非難する意見もあった。一般的には、この事件によって今後、税金を納める住民は増えると冷めた見方も出ていた。そうでなければ、住民の利用する消防車や救急車などの公共財を維持できないというのが、多数派の見方である。オビオン郡の住民の多くは、消防自動車に特別の意味を見出している。それは消防車は消火活動を行うだけの単なる道具ではない。消防車は住民自治を具体的な形で表現する重要な公共性の高い機材なのである。

3 アメリカ社会の特異性―自助の保険医療

もう1つ、自助が重視される事例を日米の比較を通して紹介しておきたいと思う。対象とするのは医療保険である。日本で国民皆保険は1961（昭和36）年に発足している。これは、1948年にイギリスで始まった制度を参考にした仕組みと言われている。国民健康保険など各種の医療保険制度が充実した日本では、病気に罹ってもほとんどの費用は保険がカバーしてくれる。高額医療についても同様である。国の制度が費用の大半を負担する方法が築き上げられてきた。医療の面では、日本は公助が圧倒的に大きな比重を占める、ありがたい国である。

日本の医療制度のありがたさは、アメリカに行けば分かる。アメリカで医療保険は自助、自由診療が原則である。古くから国民皆保険制度は社会主義と批判され、アメリカ医学会が制度の導入に反対する急先鋒になってきた。アメリカでは個人がそれぞれ、民間の保険業者が提供する医療保険を購入する仕組みである。政府が管掌するのは、「メディケア」（Medicare）と呼ばれる高齢者対応の制度と、「メディケイド」（Medicaid）と指称される低所得者向けの医療システムだけである。所得に余裕のある国民は医療保険を購入する一方、高齢者や低所得者は政府が面倒を見るのがアメリカ医療制度の特徴である。その結果、上述の2つのカテゴリーから外れる保険を持たない人口が残る。その数は4000万人とも4500万人とも推測される。彼等は医療を持たない無保険者に区分されるが、問題はアメリカの医療費が信じられないほど高額になることである。

数年前、筆者は妻とアメリカのユタ州に旅行に出かけたことがある。昔、教えた大学で旧知の研究者との再会を楽しむ旅になるはずであった。ところが、週末の夜、妻は内耳に激痛が走ると言い出した。結果、夜中に緊急病院にかけこむ羽目に陥ったが、これが貴重な経験になった。訪ねた病院でアメリカの医療制度に関する得がたい知見を得ることができたからである。まず、病院の入口に「保険のない患者は、診察できない」（No Insurance, No Patient）と大きな看板が掛かっていることに驚いた。実際、われわれのすぐ後からケガをした患者が到着したが、病院側は保険のないことが分かると診療を受けつけず、クリニックと呼ばれる低所得者向けの施設に行くことを勧めていた。もう1つの驚きは通訳である。われわれが日本からの旅行者であることが分かると、担当医から通訳がくるまで待つように言われた。筆者はアメリカの大学で博士号を取得していること、大学で教えた経験があることなどを説明したがダメであった。患者との間で誤解が生じたときに困る、裁判沙汰を避けるためには「公認」の通訳が必要というのが、医師側の言い分になった。

2時間程、待っていると2年間モルモン教の布教で神戸にいたと言う男性通訳が現れた。予想した通り通訳は怪しげな日本語を話し出した。筆者は医者に「通訳はヨコに座らせろ。状況は私が説明する」と主張し、すぐに診断と治療に移るよう要望した。診断の後、点滴を行い妻の症状は運良く回復に向かった。翌日にはほとんど症状も残らず旅を続けることができた。そうした一連の経験をした後、数カ月が経過した頃、日本の保険代理店から連絡があった。病院から請求書が届いたという知らせであったが、その金額には仰天した。総計は300万円になっていたからである。内容には、治療費の他、医者の技術料や病院施設料などが含まれた。役に立たなかった通訳者への謝金が入っていたことは言うまでもない。アメリカの医療は高いとは聞いていたが、正直、これほどとは思わなかった。アメリカで無保険の人びとはどうするのだろうと他人ごとながら心配した。無保険者を削減しようと、2014年からオバマ大統領の名前をつけた医療制度がスタートしたが、その内容は国民皆保険とは似て非なるものである。アメリカの医療制度は現在でも自助を基本としている。そのことを改めて認識する貴重な旅行であった。

ただ、アメリカの制度に利点はないのかというと、そうでもなさそうである。日本のモデルになったイギリスでは国民皆保険が充実しているが医師の所得は低い。そのことにもよるが、高度な医療技術を持った医師が育たないという問題を抱える。やや古い資料になるが、イギリスの場合、国内の総医療費の内、公費支出が91・2％を占める（日本の割合は72・7％）。それほど国民皆保険が充実しているが、イギリスの問題は一般的な医療に対応する内科が圧倒的に多いことである。内科は医師数の74％を占める。外科はわずか7％である。医療を国民に等しく提供するイギリス型の制度では、高度で高価、専門的な外科手術は受けられないのが現状である。外科の専門医は収入が高いアメリカに移住するケースが多いからである。反対にアメリカでは外科が47％、内科は24％である。アメリカでは費用させ出せば心臓移植もできる。しかし、それを出せない無保険者には冷淡な国である。これから日本の医療制度は、公助の手厚いイギリス型を目標とするか、あるいは自助を基本にしたアメリカ型に移るか、厳しい選択を迫られるかも知れない。

図表3・6　集権と分権

2. 保険衛生（No Insurance, No Patient）

⑴　国民医療と個人責任

⑵　普通医療と特殊治療

⑶　UK　内科　74％　　外科　7％

　　US　外科　47％　　内科　24％

3. 医療費総額に占める公費の割合

UK　91.2％　　日本　72.7％

カナダ　76.2％　　US　41.4％

出典：Arnold Heidenheimer, et al. *Comparative Public Policy*. Palgrave Macmillan, 1990.

3 地方行政の評価とシビル・ソサエティー論の出現

1 自治体行政の質と公助依存

これまでくり返し指摘してきたように、日本では住民の間に強い公助依存癖のあることが認められる。とりわけ都市住民の間では電話をかければ、消防車や救急車は数分後に現場に到着するものと思い込んでいる人びとが多い。しかも、それら緊急車両の出動は無料である。それが日本人に多い公助への依存意識を駆り立てている可能性がある。農村部でも、被災地を調査すると都市と同じような状況に出くわすことがある。避難所などで手厚い援助を受けると、仮設住宅に移って困る人びとが出るという指摘もある。仮設住宅に入ると身の回りのことは自助が原則になる。ところが、避難所での公助に慣れ親しんだ被災者の中には、仮設に移動してからも引き続き公助を期待する例があると聞かされた。

何故、日本で住民は自助よりも公助に依存するか、その理由を探らなければならないが、どうやらこれには2つの理由が関わっているように思う。1つは、他の国々に比べ日本の地方行政の質が格段に優れていることに関係している。これから指摘するように、日本の自治体は守備範囲が広い。その上、運動量も豊富である。およそ社会政策と思われる課題はすべて提供している。文字通り「揺りかごから墓場まで」をカバーするのが日本の自治体行政である。これは、他の国ではあまり例を見ない希有なことである。守備範囲や運動量の限られた他国の自治体では公助は当てにならない。住民は自助や共助という方法で、自分の身は自分で守る必要がある。

２　３Ｒで終わる外国の地方行政

アメリカやイギリス、それにカナダやオーストラリアの自治体は、原則的には3種類のサービスしか提供しない。Rubbish（ゴミ収集）、Road（道路管理）、それにRate（住民税徴収）である。中には用途地域（Zoning）について決定権を持つ自治体もあるが、主要事務はそれら3つのRのついたサービスに限定される。そのため、アメリカなどでは自治体職員の規模は、日本に比べると圧倒的に小ぶりである。アメリカのジョージア州にサンデイ・スプリングスという人口９万４０００人の町がある。２００５年９月に市制を敷いているが、職員の数が４名と極端に少ないため、一時、話題になった。現在では数は増えたが、それでも９名である。少人数で市政運営ができるのは、市が責任を持つ事務がきわめて限られているからである。

個人的には、アメリカの自治体が責任を持つはずのゴミの収集で困り果てた苦い経験がある。日本ではゴミ収集は分別収集が基本である。この仕組みは、住民と自治体がお互いルールを守って成り立つ「協働」の代表的なケースである。住民が「燃えるゴミ」と「燃えないゴミ」を決められた場所に決められた日に出す、それが守られないと現行のゴミ収集制度は成り立たない。恐らく近隣の住民ではないが、夜の内に粗大ゴミを投棄するルール違反が時として発生する。ゴルフバッグや壊れたテレビが不法に投棄されることがあるが、当然、ゴミ収集車は規則違反のゴミは持ち帰らない。近隣住民にとっては迷惑な話である。しかし、日本では自治体に不法投棄は「よそ者」の仕業、なんとかならないかと連絡すると、数日後にはゴミは間違いなく回収される。不法に投棄されたゴミであっても自治体は収集拒否や、それを無視することはない。ほぼ間違いなく回収してくれるのが、日本の地方行政の利点である。

ロスアンゼルスで大学院に通っていた頃、アパートの入口に大きな壊れたテレビが捨てられていたことがあった。自動車の出入りを妨げる迷惑な粗大ゴミであるため、市役所のゴミ収集を管轄する部署に電話をかけ撤去を依頼した。担当の職員は、「分かった。心配するな」という返事をくれた。それを聞いてホッとしたが、その後数週間、市役所からなんの音沙汰もなかった。大きなテレビセットは、引き続き車の出入りの邪魔になる場所に居座っていた。同じ状態が数カ月続いたが、その頃になると市役所がゴミを撤去しないのは、何か手続きに間違いがあったのかも知れないと不安になった。そこで再度、市役所の担当課に電話をしたところ、担当者が変わったという回答と「分かった。心配するな」という答が再度、返ってきた。こうしたやりとりはその後も続き、結果として市役所がゴミを撤去することは結局なかった。

粗大ゴミは自身で処理する羽目に陥ったが、納税者でなかった身分としては、市役所に抗議し責任者を追及するような手段はとれなかった。ただ、同じような出来事が納税者に降りかかってきたなら、住民は当然、市役所の対応に不満を募らせ、役所に対する信頼を失うはずである。市の行政サービスに不満を持つ住民の間からやがてゴミ収集を役所に任すわけにはいかない、自治体が関わると事業運営の能率が下がる、効果的でない上、経済効率も悪いという市役所批判が表面化する。それがさらに進むと、住民はゴミ収集を市役所の仕事からもぎとり、自分達の手でゴミ処理を行うＮＧＯを組織する。先にも紹介したが、アメリカ・テネシー州の消防行政は、そうした経過を踏んで誕生している。消防は公的機関に委ねるのではなく自治と自助で進める、それがオビオン郡の住民が取った選択肢である。アメリカ以外にもオーストラリアでは行政サービスの８割は自治体ではなくＮＧＯが管掌している。いずれも自治体不信から表出した結果である。政府や自治体の役割はできるだけ小さく、それに代えてＮＧＯの機能と責任をできるだけ大きくする、そうした市政運営の形を「シビル・ソサエティー（Civil Society）」と呼ぶことがある。これは、自治体への信頼を失った住民を中心に、様々な行政サービスを住民自らの手で提供しようとする新しい自治体運営の形である。

３　自治体の信頼と自助の後退

これまで、自治行政に関して質問を受けると、日本で住民は往々にして否定的な意見を表明することについて触れてきた。ところが、ホンネはどうやら異なるという点についても明らかにした。現実には住民は公助へ期待するところが大きいというのが、これまでの論点であった。その誘因について考えて見ると、答の１つは住民が自治体行政を信頼しているからという回答に行き着く。そのことを示す格好の資料がある。

２０１１年３月12日、東日本大震災の翌日にアメリカの新聞、*USA Today*が2葉の写真を発信した。１つは被災者が飲料水や救援物資を受け取る現場を写している。別のものは航空写真である。小学校の校庭と思われる場所で、被災者が順序よく列んで順番を待つ様子を捉えている。仙台市の様子を撮った写真であるが、物資を受けとる順序に混乱は見られない。被災者は規則を守って、それぞれが順番の来るのを忍耐強く待っている。他の国ではそうはいかない。救援物資が届くと、被災者はわれ先に物資を手に入れようとする。暴徒化した住民で現場は大混乱に陥るのが通例である。アメリカで２００５年にルイジアナ州のニューオリンズ市をハリケーンが直撃したことがあった。その際、被災者が救援物資を受けとる様子は目を覆いたくなる惨状になった。被災者は救援物資の獲得をめぐって紛争を起こし、やがて彼等は町中に繰り出し略奪を始めた。翻って、日本はというと、大震災という混乱した状況の中でも、法や秩序が守られた。物資の配布に略奪や横領などの事例は皆無であった。報道写真が話題を呼んだのは、そのためである。

何故、日本では混乱した状況の中でも法や秩序は維持されるのか。理由は住民が自治体や公務員を信頼するからに他ならない。外国でよく耳にするのは、政府や自治体の職員が救援物資の一部を家族のために秘匿する話や、そうでなければそれを闇市に流して売買するという裏話である。そのために被災者は救援物資が届くと、われ先にそれに群がり物資を確保しようとする。それに対して、日本の自治体では職員の倫理意識が高い。不正は働かないことの他に、日本の行政は法治にもとづいて様々な問題を処理するという特色がある。法律にもとづいて行政を展開する以外にも、公平性にアクセントを置くのが日本の地方行政の特色である。自治体職員が救援物資を家族のために一部を隠すなどの不正行為はほとんど聞かない。被災者の中に友人がいても特別扱いはしない。法治と公平性は日本の地方行政が世界に誇るべき優れた資質である。

アメリカやドイツ、イギリスなどでは、国や地方行政に対する信頼性はきわめて低い。既に10数年も前の話になるが、アメリカのボストンから友人夫妻が、初めて来日したことがあった。首都圏の自治体に勤める地方公務員と一緒に食事をする機会を持ったが、ボストンから来た友人は同席の公務員に職業を尋ねた。「地方公務員」と答えたところ、返ってきた反応が「Ｗｈｙ?」であった。これには少々、驚いた。アメリカ人の見方では、地方自治体は税金の金食い虫。無駄使いの最たる機関。「そんなところに何故、勤めるのか」が「Ｗｈｙ」という質問の理由であった。これには、当の公務員も困った。日本の自治体行政がアメリカとは異なることを細かく説明しなければならない羽目に陥った。

4　異なるレベルの行政と住民の信頼

東日本大震災を経験した直後、２０１１（平成23）年12月に明治大学危機管理研究センターがウェブ調査を実施した。調査の狙いは、大震災の後、住民の政府や自治体に関するイメージがどう変わったかを測定することにあった。調査の回答者数は７３０７名。その内、国の行政を「信頼する」と答えたのは24・７％、「信頼しない」は75・２％になった。この結果は、国の行政が住民や納税者とは距離があるためと推測されるが、住民の目からすると国政は新聞やテレビで見ることに限られる体感温度の低い異次元の話になる。それを考慮すると、国政に対する評価が低いのは仕方のないことかも知れない。一方、都道府県の行政については「信頼する」という回答が44・3%に上がるが、「信頼しない」がそれをやや上回る55・5%になった。都道府県の行政は、しばしば「中2階」と呼ばれる。住民の視点に立つと、県政は国政と基礎自治体の間に挟まり、仕事の内容が見えにくい行政機関になる。

それに比べ、市町村は住民の生活に密着したサービスを提供している。義務教育、医療、保険、社会保障、それに消防など、基礎自治体の責任は広範囲に及ぶ。日常生活に近接する分、住民の自治体に対する信頼度は上昇するはずである。日本では政府や自治体に関する信頼度は、国政で低く市町村になるほど上昇する（図表3・7参照）。他の国のなかには、それが逆転するところもある。国の指導者

図表3・7　行政機関の信頼度

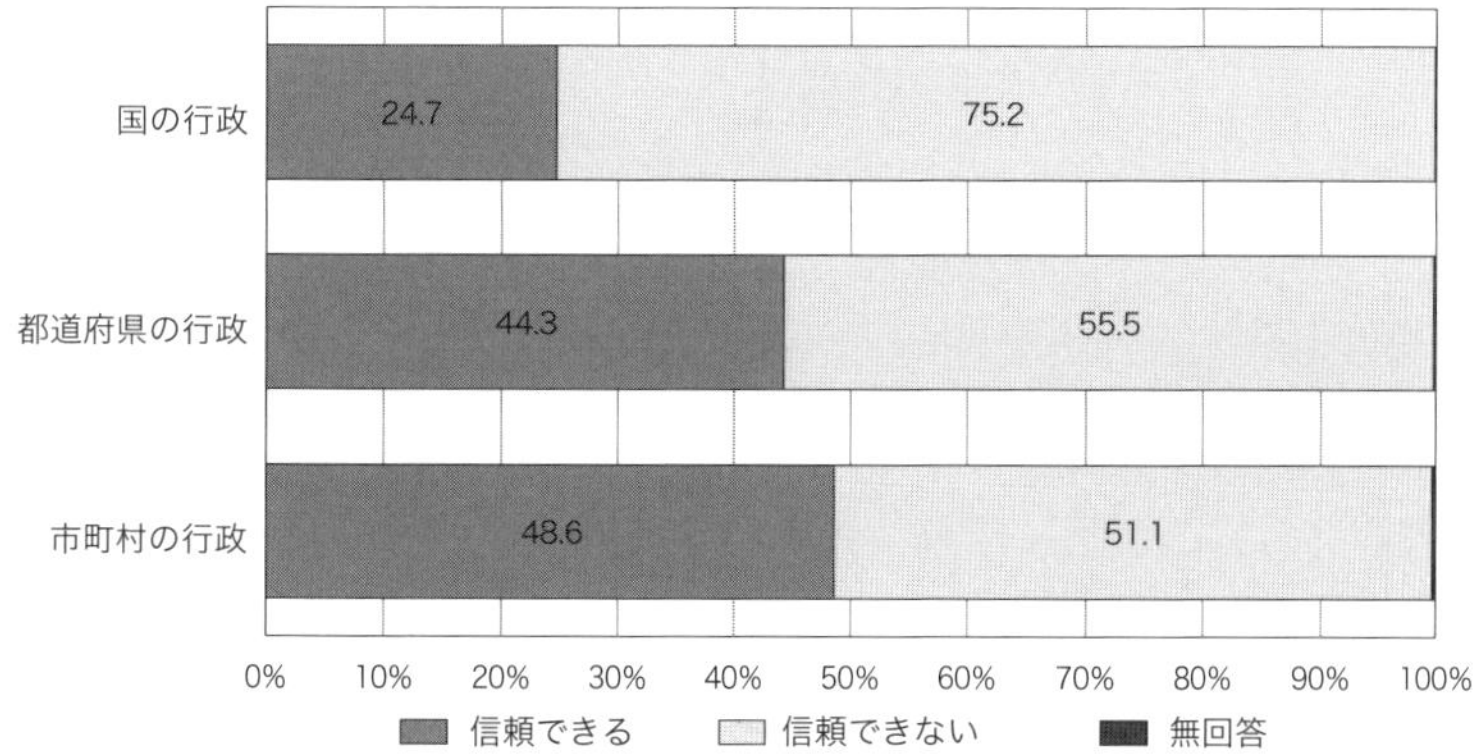

出典：明治大学危機管理研究センター「住民意識の動向と地域の行政対応に関する研究　首都直下地震防災・減災特別プロジェクト　3. 広域的危機管理・減災体制の構築に関する研究」17頁、2012年

はともかく、腐敗や汚職の多い自治体は信頼できないと考えるパターンである。ただ、日本でも市町村など基礎自治体は「信頼できない」という回答が51・1%に上る。わずかではあるが、自治体に関して否定的な見方が、肯定的な意見を上回る結果が出ている。ところが、地方行政に否定的な人びとに、「もし子息がおられた場合、将来、どのような仕事に就いて欲しいですか」を質問すると8割近くが「公務員」と回答している。それをどう解釈するか、難問であるが、口ではけなしながらホンネは公務員を評価する、日本人に特有の住民の屈折した地方行政観を反映した結果である。

4 アメリカを襲った「ハリケーン・カテリーナ」の教訓

1 被災者になったバーマン氏の経験

既に10年近く前のことになるが、現在、ニュージーランドの大学で教えるアメリカ人研究者と食事をする機会があった。この先生は行政学を研究しているが、国籍はオランダである。カラフルな経歴の持ち主ということもあって会話はさまざまな話題に及んだ。やがて話は、先生の前任地がルイジアナ大学であることに進んだが、そこで驚いたことに、この先生は2005年8月、ハリケーン・カテリーナの直撃を受け自宅は損壊、たいへんな被害を受けた罹災者であることが判明した。

その人の名前は、エバン・バーマン（Evan Berman）と言う。バーマン氏はカテリーナ被害から危機管理について3点、重要な教訓を学んでいる。1つは、大規模な水害が発生した当初の数カ月は、貨幣が全く意味をもたなかったことである。これは、日本の終戦直後の状況に通じるものがある。おカネではなにも買えない。紙幣をだれも信用しない。モノをもっていることこそが重要であったというのが、バーマン氏の体験である。なかでも、同氏は自動車のガソリンを入手することに困った。そのためにスタンドで長蛇の列を組んで長い時間、待つ日が続いたと述懐している。

2つ目は、災害が発生した事後の状況では、社会的地位はほとんど意味をもたなかったことである。発災後の混乱した状況では、議員であれ弁護士であれ、あるいは、社長であれ、ガソリンスタンドでは並ばなければならない。特別待遇は全く期待できない。スタンド側が特別の措置をとると、他の市民との間に一触即発の状態が生まれる。ケンカがはじまり、場合によっては銃弾が飛び交う。バーマン氏の指摘によると、危機状況では強制は無用である。それがなくても、人間関係はおのずから平等が原則になる。罹災者に階級や地位は無縁というのが、同氏の見たニューオーリンズ市であった。

3つ目の教訓は、平常時の食事パターンが、危機発生後の生活に大きな影響を及ぼすことである。日頃、贅沢な食事を重ねていると、発災後の生活に苦しむことが多い。美食をつづけると、自治体などから届けられる非常食は不味いという印象を強く持つ。それだけで事後の生活は苦痛に陥る。同氏の観察した罹災者のなかには、そうした食生活で困る住民が少なくなかった。とりわけ、経済的に裕福なグループに食事面で苦労を強いられる人びとがいた。そのことを実見したバーマン氏は、平常時から食事は質素に簡単にということをモットーにしている。

2　被災経験―治安の悪化と自衛

バーマン氏は自治体などの公的機関についても、いくつか重要な体験をした。まず、ハリケーンが襲来してからの自治体の事後対応であるが、きわめてお粗末というのが同氏の評価である。バーマン氏のところには、数カ月間、政府や自治体からの援助は届かなかった。バーマン氏自身が自助努力で汚泥を除去し、壊れた自宅を補修し、最低限の生活の確保につとめた。同氏は、家屋の復旧にはプロを必要としたが、専門の建設業者は払底状態。同氏が業者を確保するのは半年後のことになった。

バーマン氏は治安の悪化にも頭を悩ました。市内では多数の低所得者が、災害をきっかけにスーパーマーケット、家具店、それに電気店をつぎつぎに襲撃し略奪をつづけた。バーマン氏の近隣住民は略奪行為に備え警戒は怠らなかった。その点では、阪神淡路の大震災が思い出される。日本でも火事場どろぼうはあったかもしれない。しかし、外国でわれわれがしばしば目にする集団による略奪はなかった。このことを外国のメディアは大きく報道し、日本の社会秩序のすばらしさに驚いたことがある。この民度の高さは、日本人として大いに誇るべきことである。

もう一つ、バーマン氏はハリケーン・カテリーナの事後対策の遅れに苛立った経験を語った。すでに相当な歳月が流れながら、被災地の復興にほとんど手がつけられていない。ニューオーリンズ市はジャズがはじまった場所として有名である。この町の中心部にはジャズ発祥の場所であることを刻む「歴史館」という名称のホールがある。さすがにその周辺部の復興はすでに終了しているが、市外に行くと状況は一変する。現在でも被災地の大部分は手つかずの状態にある。バーマン氏の言葉を借りると、被災地は今も爆撃を受けた市街地のようである。その後、2013年3月、筆者はアメリカ行政学会に出席するためニューオーリンズ市を訪ねる機会があった。たしかに、バーマン氏が指摘したように市中は災害の傷跡はほとんどなく、以前と同様、美しい町に復興を果たしていた。ただ、市中を離れ海岸に沿った被災地域に移動すると復興はまだまだという印象を受けた。

この点は、後日、明治大学危機管理研究センターが独自に実施した現地調査でも確認している。復興が遅れている理由の1つは、アメリカの自治体の行政能力が低いからである。日本と異なり、アメリカの自治体の守備範囲はきわめて狭い。既に指摘したように、自治体が管掌する主な仕事は、ゴミ収集(Rubbish)、道路補修(Road)、それに住民税徴収(Rate)の3つの〝R〟である。それ以外は、通常、郡(County)、あるいは、州や中央政府が責任を担っている。そのため、アメリカの自治体は災害後の復旧や復興を実施する能力も力量も持たないのが通例である。その結果、被災地は災害の発生した当時のままの姿で残ることが多いが、それ以外にも無視できない政治的な理由がある。共和党の知事と民主党の市長、それに当時のブッシュ共和党政権の思惑が絡んで、復興より政治取引が先行することが増えた。災害に政治が関わると対応は大幅に遅れる、その代表的なケースがハリケーン・カトリーナの後始末である。

この点、日本では状況が異なる。日本の自治体は総合デパートのようである。およそ社会政策と考えられる事案は、すべて市町村行政の責任領域に入る。危機管理についても同様である。防災をはじめ地域の安心と安全、それに市民生活に直結する食や健康や衛生など、日本の基礎自治体の守備範囲はきわめて広い。活動量と活動の幅では、世界一、忙しい政府と考えてほぼまちがいない。その上、事案に対する処理能力も早く正確である。日本の基礎自治体の力量の高さについては、もっと客観的に評価されてしかるべきである。ただ、優秀で頼りになるため、住民は公助に過剰依存するという問題がある。住民に自助意識が不足するのは、そのためかも知れない。この点は、日本の自治体行政が抱える矛盾であるが、くり返し指摘したように、危機管理では公助より自助である。ニューオーリンズの事例が、そのことを明確に示している。

3　災害と自助、共助、公助の役割

これまで、住民を軸に災害対応のあり方を検討してきた。その際、自助と公助という対照的な姿勢に注目した。日本で住民は自治体などが提供する公助に依存する割合が高いというのが、ここでの論点になった。日本における依存の度合いは、アメリカやイギリスなどの国とは比較にならない程、高位である。その点を個人的経験や統計資料を援用しながら精査してきた。また、日本の地方行政は他の国では見られないほど様々なサービスを提供している。自治体はそうした各種サービスを法律に従って展開している。法治は日本の地方行政が持つ大きな特色である。それ以外に、自治体のサービスは公平性を重視する点でもユニークである。家族や友人などで行政サービスの中身が変わることはない。法律と公平性の重視は、住民の自治体への信頼度を増す力になっている。問題は、それだけに住民は自治体に依存し過ぎる弊害を生んでいるのかも知れない。今後は公助依存を抑え自助にアクセントを置く、それが住民に求められる災害対応の基本になる。

日本の自治体が法律と公平性を重視することは評価すべき利点であるが、これにも弱点が認められる。不測事態が発生すると法律主義や公平性は、しばしば問題を生み出す要因になる。緊急事態が発生すると、自治体には法律を超えた対応や、公平性を無視した迅速な施策の展開が必要である。ところが、法律や公平原理にとらわれる日本の自治体は、柔軟性を欠き、時として迅速な対処が遅れるという欠点がある。仮に救援物資が手許に70個しかなく、外では100名の被災者が列んでいるとする。こうした状況を前にすると、自治体は3つの方法で対応を図ろうとする。1つは前例を調べること、それがうまく行かないと他の自治体がどうしたかヨコ並び策を検討する。最後は、総務省自治行政局に電話をかけ国の指導を仰ぐことである。こうした手堅い方法は、平時には機能するかも知れない。しかし、緊急事態では役に立たない。よりダイナミックで直接的な行動が必要である。この先、公務員には非ルーチン化した事態、不規則な状況にも対応できる危機管理教育や災害対応訓練が求められる。

第4章

災害と情報
――公助からの脱却と自助の実践

1 自助拡大の第一歩—危機情報の収集

1 人口減少と公助の後退

これまで、住民の災害に対する自助意識を高める必要性のあることを説いてきた。その具体的方法について考えるのが、これからの課題になる。今後、日本の総人口は徐々に減少傾向を辿る。2015（平成27）年の人口、1億2000万人は50年後の2065年には24％減少し8800万人にまで下がると予想される。また、2025年には700万人とも推測される団塊世代が75歳に達する。この頃になると5人の内1人が75歳以上という超高齢社会を迎える。そうした人口変動は、自治体行政に大きな影響を及ぼす。例えば、既に問題視されているが、今まで自治体が担ってきた水道事業が人口減少による財政難で維持できなくなる可能性がある。2018（平成30）年の臨時国会で水道法が改正されたこともあって、これから水道事業を民営化する方向に舵を切る自治体も増えるかも知れない。

災害対応についても同じような状況が見られる。従来のような公助の役割は後退し、救急車両を含む様々な自治体サービスが、有料化する時代がくるかも知れない。それより一歩進んで、救急車サービスを民営化する時代がやってくる可能性も否定できない。そうしたマイナスのシナリオを回避するため、住民には今後、公助依存を抑え、自分の身は自分で守る自助を重視する習慣を身につけることが望まれる。その第一歩は情報である。災害が発生した場合、住民が緊急時に必要とするのは情報である。手許に情報がないと動きようがない。情報が確保できて初めて自助への行動が可能になる。災害が発生すると、住民はまず「何が起こったか」、「何故、起こったか」、「これからどうなるか」などの情報を求めるのが通例になる。災害の性質や規模を認識しながら、集めた情報にもとづいて次の行動に移る、これが災害発生後では住民行動の基本になる。その意味でも、住民がどのような災害情報に触れるか、それをどう入手するか、それらの課題は自助拡大の第一歩になる。

2 啓発情報と警戒情報

住民が接する危機情報には3つの種類がある。1つは、「啓発情報」である。具体的な事例に「振り込め詐欺」と呼ばれる、「特殊詐欺事件」に関する情報がある。これは不特定多数に向けた情報である。災害情報などと異なり、緊急性や逼迫性はそれほどない。むしろ、犯罪件数を下げるためには、とりわけ高齢者を対象に長期的な対策が求められる情報である。被害に遭う年齢層を考慮に入れると印刷媒体による情報伝達が効果的と考えられる。最近ではテレビなどでも振り込め詐欺の具体的事例が紹介され、被害防止に努力が重ねられている。録音装置を組み込んだ固定電話の活用や銀行窓口での対応など、被害を食い止める対策は一段と強化され、中身も精緻なものになってきている。

ところが、手口の方も一層、巧妙化し、特殊詐欺事件は引き続き大きな社会的な問題になっている。

2017（平成29）年度を参考にすると、特殊詐欺の件数は1万8000件に達し7年連続の増加になった。ただ、2018（平成30）年になると認知件数は1万5000件、前年比で1割弱程度、減少している。同年の被害総額は357億円に達しているが、これも前年に比べるとやや減少という結果である（警察庁、広報資料）。しかし、高齢者を対象にした詐欺事件は、最近、死傷者の出る暴力を伴うケースが出るようになった。国では警察庁などもいろいろな対策を練っているが、現状を見る限りこれまでの啓発を基本にした情報伝達には限界があるようにも思える。犯罪防止の決め手は、高齢者を含む住民自身が犯罪に対して意識を高め、認識を深めるしか方法がないような気がする。効果の高い対応策については、息の長い模索がこれからも続くはずである。

もう1つは、特定の地域に不審者が出るなどの「警戒情報」である。これは「啓発情報」と異なり限られた地域の住民を対象にしている。短期に住民への伝達が必要とされる情報である。伝達手段は、自治体の広報車や警察のパトカーによる地域の巡回が有効と考えられる。最近では小学校単位でPTAに関わる母親を中心に、携帯電話やスマホ、それにLINEやTwitterなどSNSを介して情報を交換する方法も使われてきている。ただ、この方法では時として不審者情報より、被害者の特定に情報網が利用されることがある。PTAで連絡網を作る際には、あらかじめ興味本位の使用は慎むことを申し合わせることが望ましい。

東京都の場合、警視庁が「メールけいしちょう」と呼ばれるサイトを設置し、子どもに対する犯罪情報の他、通り魔、ひったくり、強盗、公然わいせつ、ひき逃げなどの事件について広く情報を提供するシステムを開発している。住民側は受信を希望する情報の内容を特定することができる。また、情報を受けとる時間も指定できる興味ある試みである。ただ、折角の制度であるが、残念なことに登録者の数が限られている。2018年現在、希望者は27万2400件に止まっている。これには1人で複数の情報提供を依頼する例なども含まれるなど、人数に重複が見られる。情報の受信を希望する住民の実数は、まだまだ少ない。この先、警視庁にはこの制度が広く都民に認知され、仕組みを活性化する広報活動が必要とされる。

3 緊急情報と情報技術の変化

最後は「緊急情報」であるが、これは災害では最も重要な情報になる。(一財)消防科学総合センターは2015(平成27)年3月、興味ある調査結果を公表した。「避難しやすい環境(避難を促進する環境)の整備に係るアンケート」と題する報告書である。これは、発災時に情報伝達、避難誘導、それに避難場所などについて、自治体が現在、どのような対策を取っているかを解説する資料である。最近、土砂災害や豪雨被害などが多発し、住民への災害情報の伝え方や避難所のあり方について改めて関心が高まっている。報告書は、こうした課題を検討する際の手がかりになるが、調査は全国1741市町村を対象にし、回収率はその約半数、811団体である。

調査結果は、はじめに自治体が住民に対し緊急情報をどう伝えようとしているかを取り上げている。この

図表4・1　住民への避難に関する情報の伝達手段

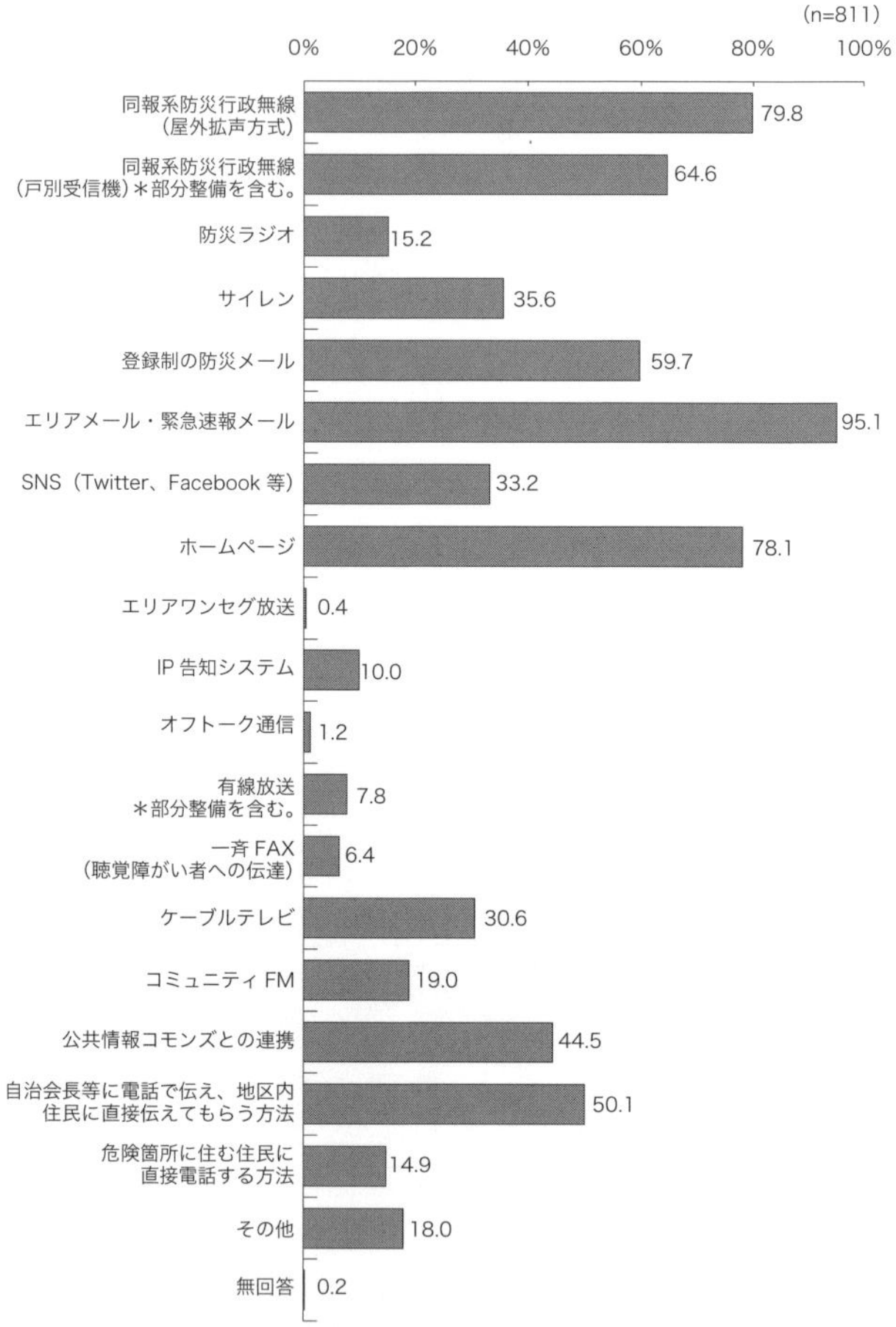

出典：消防科学研究センター「避難しやすい環境（避難を促進する環境）の整備に係るアンケート報告書」9頁、2015年

調査から9割を超える自治体が携帯電話会社が提供する「エリアメール・緊急速報メール」を住民への情報伝達の手段にしていることが分かる。日本におけるモバイル端末（ノートパソコン、タブレットなど）の普及率は、2016（平成28）年現在83・6％である。その内、ガラケー携帯電話の保有数は年々、低下して

いるが、スマート・フォンを利用する人びとの数は２０１０（平成22）年の９・７％から２０１６（平成28）年には56・８％へ急増している（総務省『平成29年　情報通信白書』）。ノートパソコンやタブレットなどモバイル端末の普及率が拡大する現状、スマホの保有率が引き続き拡大する状況を合わせ考えると、今後、住民にとってスマホやタブレットは緊急情報の入手手段として、一層、重要性を増すと予想される。

この点に関して、総務省は東日本大震災と熊本地震を比較した結果を公表しているが、東日本大震災の場合、95・１％の住民が携帯電話を所有していた。ところが、基地局が崩壊したことなどの理由で携帯電話はほとんど役に立たなかった。携帯が使えるようになるのは、被災者が避難所に移動した後、発災から相当、時間をおいてからのことであった。それから5年、２０１６（平成28）年4月、熊本県で大きな地震が発生したが、その間に通信環境に大きな変化が起きている。注目されるのはスマート・フォンの普及度が格段に上がったことである。スマホの中身についても急速な変化があった。ＬＴＥや4Ｇと呼ばれる通信規格の登場によって通信速度が速くなり、画像なども簡単に受発信できる通信環境が整備された。

加えて、熊本地震では停電の発生が限定的であった他、通信事業者が移動基地局を設置したなども幸いした。そうした新しい状況が生まれるなか、スマホの利用に慣れている住民の間では、ＳＮＳを利用し安否確認や災害情報の収集を進めるケースが増えた。これからの課題として、総務省の報告書は地域の自治会長にタブレットを配布することを勧めている。地域住民のニーズを集約するなどに、タブレットが優れた機能を発揮すると期待されるからである。各地の自治体はその具体化に向けて検討すべき興味ある課題と考えられる（総務省『平成29年　情報通信白書』第4節）。

2 多様化する災害情報―防災無線とフリーダイヤル制度

1 情報社会発展の利点と欠点

災害時に住民が求める情報は、最近の通信技術の進化によって多様化を進めている。わけてもＬＩＮＥ、ＦａｃｅｂｏｏｋやＴｗｉｔｔｅｒなどＳＮＳ系の活用がめざましい。最近の進化は住民が求める災害情報の選択肢を広げ、それを充実することに貢献している。この変化には目を見張るものがあるが、もう1つ、情報技術の進展は、これまで災害情報を受ける側にいた住民を情報発信者に変える可能性を拡大している。ＳＮＳの発展によって、誰でも災害情報を発信する担い手になれる機会が生まれた。住民が災害現場から被害の様子をライブで中継するなどのことも不思議ではなくなった。

ただ、最近の情報技術の進歩は良いことづくめではない。問題も出ているが、その1つは不正確な情報やデマなどが多いことである。不確かな情報が多いため、自治体のなかには情報の精度を確かめることに多くの時間を割かなければならないところもある。住民から情報の確度を問い合わせる照会電話が自治体に殺到し、職員がその対応に追われるという予想外の事態も発生している。住民からの照会電話で肝心の災害対応が大幅に遅れるなどの問題が実際に起こっている。災害が発生するとデマが飛び交うのは、過去にも見られた。そうした可能性を封じるため、自治体のなかにはＳＮＳを介した災害情報は集めなくなったところもある。自治体は、今後、ＳＮＳを仲介して集めた情報にどうフィルターをかけるか、その点に工夫が必要とされる。

2　登録制防災メールの普及と課題

自治体のなかには、ＳＮＳ以外の方法で住民に緊急情報を届ける仕組みを開発しているところもある。制度は警視庁の例でも紹介した方法に似ているが、防災メールを直接、住民に届けるシステムを導入し、それを登録制とする自治体がある。その数は6割（８１１件中、４８８団体）に及ぶが、この仕組みの採用度は自治体の規模によってかなり偏りがある。人口規模が5万人以上、とりわけ30万人以上になると8割を超える自治体が、防災情報の登録制を敷いている。反対に人口が5万人を割ると登録制は3割を下回る。警視庁の事例と同様、ここでも災害情報を受信するための登録を済ませた住民がどれほどいるかが問題になる。制度を整備している自治体を調べると、登録済みの住民は1割以下に止まっている。残念であるが、災害情報を自治体から受け取る登録制を利用する住民は、まだまだ少数である。この現状は是正しなければならないが、自治体側の広報活動に一工夫が必要なように思う。

登録制を実施している自治体では、制度の利用度を上げるためいろいろな努力を重ねているところがある。例えば、災害情報として使われる伝達文をあらかじめ用意しておく団体がある。伝文を平時に準備しておくと、災害時の混乱を避けることができる上、対応はよりスムーズになる。あるいは、毎月1回、テストメールを流し迷惑メールとの混同を避けようとする団体もある。分かりやすさを念頭に伝達文の内容をできるだけ平易にしようとする自治体も多い。そうした行政側の努力は住民にはなかなか伝わらないのが実状である。折角のシステムではあるが、住民側はそれを十分に生かし切れていない。現状を改善するためには、住民の自助意識と危機認識を改善することが必要になる。これは終わりの見えない長期戦になるかも知れない。くり返しになるが、自治体はこの制度について広報活動をより一層、活発化することが望まれる。

3　防災無線の汎用性と限界

情報伝達の方法には、防災無線を使うという方法が一般的である。ただ、多発する最近の水害では、防災無線の音声が豪雨でかき消され、住民に避難情報が届かなかったなどの問題が発生している。防災無線は場所によっても効果が異なる。参考までに言うと、東日本大震災の場合、防災無線からの避難の呼びかけを「はっきりと聞き取れた」と回答したのは、被災3県（岩手、宮城、福島各県）全体では56％である「聞き取れなかった」は44％に及んでいる（中央防災会議、「平成23年東日本大震災における避難行動等に関する面接調査（住民）分析結果　東北地方太平洋沖地震を教訓とした地震・津波対策に関する専門調査会第7回会合」内閣府（防災担当）、２０１１年、http://www.bousai.go.jp/kaigirep/chousakai/

tohokukyokun/7/pdf/1.pdf)。そのなかには、「なにを言っていたか覚えていない」や「呼びかけはなかったと思う」なども含まれる。南三陸町では79・5%の住民が津波情報を防災無線から聞いている。陸前高田市でもその数は55・8%になる（中村功「第4章 津波情報と避難行動 東日本大震災時の災害情報の伝達と住民の行動―陸前高田市・南三陸町・仙台市・名取市・山元町住民調査をもとにして―」、『災害情報調査研究レポート』16巻、36－51頁、2012年）。しかし、これらは例外のようである。全般的には防災無線の効果には限界がある。欠陥を補完するため最近では防災無線のデジタル化などの改善が進んでいる（日本防火・危機管理促進協会「市町村による災害発生後の情報伝達に関する調査研究 平成30年度危機管理体制調査研究報告書」日本防火・危機管理促進協会、2019年）。

防災無線に代わる方法として、フリーダイヤル制度を取り入れる自治体もある。住民が自治体の提供する無料電話を利用し、災害の現状を確認する制度である。ただ、現状ではこの制度を準備する団体は3割にも満たない（811団体中、192件）。制度の導入に高い資本投下が必要とは思われないが、自治体は今後、フリーダイヤルの意義と効果を再度、検討することが求められる。一方、従来から要援護者に対する緊急情報の提供に工夫が必要と言われてきた。最も確実な方法は、緊急時に自治体が要援護者個人に直接、電話をかけることであるが、それを実施している地方団体は5%以下になる。直接電話をかけることはないという消極的な回答が半数近く45%にも及んでいる。今後、引き続き改善策を検討しなければならない課題である（同右資料）。

4 住民の避難行動

災害情報を手にした住民は、できるだけ早く安全な場所に避難することが望まれる。そのためには、住民自身が日頃から地域を学習し、危険な場所、避けるべき施設などを十分に熟知しておく必要がある。ここでも住民の自助意識が重視されるが、居住する地域に関する情報を集め、災害に備えて事前の避難訓練などに参加するなど、積極的行動を取ることが理想である。ところが、現実にはなかなか思うようには行かない。これまでの経験から言うと、住民の避難行動は3つのパターンに分けられる。「積極的避難」、「消極的避難」、それに「強制的避難」である。

積極的避難は、日頃からハザード・マップなどに注意を払い、不測事態が発生するとテレビやラジオ、それにSNSなどを通した情報に敏感に反応し、自治体の指示などを待たずに避難行動を起こす人びとのことを指している。2018（平成30）年7月に西日本を中心に襲った豪雨被害を調査した資料では、「これまでに経験したことのない大雨（特別警報）」と聞きながら、7割以上の住民は避難する必要はないと考えていた。避難したのは、871名中のわずか31名（3・6％）に止まった（県立広島大学大学院経営管理研究科「平成30年7月豪雨の避難意識と行動に関する調査　防災マーケティング研究チーム調査結果【速報】平成30（2018）年7月28日時点集計速報」県立広島大学2018年、https://mba.pu-hiroshima.ac.jp/pdf/h30/180801a_bousaipress.pdf?r-180801）。大半の住民は、自治体が配布するハザード・マップにあまり関心を示さない。また、災害情報が届いても「自分だけは大丈夫」と差し迫る危機を軽視しようとする「正常性バイアス」が働く。他にも従来の警報が空振りに終わることが続いたため、災害を過小評価し避難行動になかなか移らない場合も多い。東日本大震災や西日本豪雨被害の際にも、そうした例が出ているが、消防団などの指示によってしぶしぶ避難行動に移った住民が少なからずいた。いずれも消極的避難と呼ばれるパターンである。

最後の強制的避難は高齢者の間に多く見られる行動様式である。高齢者のなかには、大きな災害が差し迫っているにも関わらず、自治体職員や消防団などからの避難要請に応じない人びとがいる。長年親しんだ地域から離れることを固辞し、被害者になっても構わないと安全な場所への移動を断る事例である。ところが、その結果、救助に向かった消防団員などが落命するという不幸なケースも出ている。自治体の災害対策担当者のなかには、住民が早めの避難を行っておれば被害は防げたなどの意見を寄せる場合もある。

福田充氏（日本大学）は、住民が安全な場所に避難するのを妨げる要因を3つ上げている。1つは物理的阻害要因であるが、病気で身体が動かない、寝たきりなど、多くは災害要援護者と呼ばれる住民のことを指している。社会的阻害要因は、職場などで部下から優先的に避難し上司が最後まで残る事例や、警察や消防、それに消防団など住民ファーストを実践する人びとが被害に見舞われるケースである。最後の心理的阻害要因は、災害に関して無知である、あるいは、未経験であるため被災者になる場合である。そうした問題と思われる住民の数は決して少なくない。その点を考慮するなら、住民が災害への意識を高め、不測事態の発生を常に認識し、防災に関する知識を広げる、こうした市民教育の必要性を改めて感じる（福田充「災害時の避難行動」、『危機管理レビュー』５巻、29―46頁、２０１４年)。

3 災害情報とＳＮＳ―新しいシステムの活用

1 驚くべき情報システムの進化

１９６３（昭和38）年12月、当時、アメリカの大学で勉強中の筆者は、生まれて初めて日本に国際電話をかけることにした。太平洋にケーブル線が敷かれていない時代、人工衛星による通信手段がなかった頃の話である。日本への通話はそう簡単ではなかった。まず、電話会社に通話を申し込むことから始まった。用向きは11月末に父親が死去したことを友人の手紙で知らされた、それを家族に確認するためであった。太平洋間の航空券が現在の価格で恐らく片道１００万円もした時代、家族は筆者の動揺を心配し訃報を知らせなかったのである。

国際電話を申し込んでから日本につながるまでおよそ24時間。その間、電話の側で一夜を過ごした。ヤットつながったが、短波で聞きづらく会話はわずか1分、父親が鬼籍に入ったことを知るだけに終わった。数カ月後、下宿に通話料金35ドルの請求書が届いた。1ドル３６０円で換算すると1万２６００円にもなった。これは当時の新人社員の初任給に相当する金額であった。

それから半世紀が過ぎた。筆者は海外に出張すると最早、通常電話は使用しない。今でも日本への通話は法外に高額である。そのため、連絡はFacebook、Twitter、それにLINEなど、ソーシャル・ネットワーキング・サービス（SNS）と総称される手段を利用する。電話料金は無料。その上、海外にいても日本へはビデオ通話で相手の顔をみながら電話ができる。通信情報手段は、この20年近くの間に想像を超える発達を遂げた。

2 SNSの災害情報への活用

高度に発達したSNSを災害に対応する通信手段を使えないか、多くの人びとは恐らくそう思うに違いない。総務省の調べでは、パソコンの世帯普及率は73・0%、携帯電話かスマートフォンなどモバイル端末の個人保有率は94・7%にも達する。通信技術（ICT）の発展は、自治体の住民との関係を大きく変えた。内閣官房IT室の資料によると、全国の市区町村、1741団体の内、1029団体（60%）がSNSのアカウントを保有している。多くの自治体はホームページを開設し、電子メールで住民向けの情報発信を行っている。

期待される通り、情報通信技術の進化は災害発生時における自治体の情報伝達の方法にも変化を引き起こしている。内閣官房の資料はSNSを活用する自治体1029団体の内、934団体（90・8%）が、それを災害対応に援用していることを明らかにしている。SNSを災害情報に活用する934団体の人口が、日本の総人口の約81・5％に相当することは驚きである。災害が発生すると日本国民のほとんどが、ＳＮＳを介した自治体からの災害情報に接する可能性が出てきた（内閣官房情報通信技術ＩＴ総合戦略室「災害対応におけるＳＮＳ活用ガイドブック」）。

3 首長とSNS活用の成果

２０１６（平成28）年４月に発生した熊本地震では、熊本市長がＴｗｉｔｔｅｒで災害情報を収集し、復旧につなげたことが話題を集めた。大西一史市長は市内で漏水する箇所の情報を収集し、それを漏水箇所の特定と改修につなげた。災害ゴミの収集に関しても、住民からの情報を手がかりに作業が遅れている地域を割り出し、対応作業を促したとも伝えられる。熊本地震では、動物園からライオンが逃げ出したというフェイク・ニュースが出現したが、その打ち消しにも市長のＴｗｉｔｔｅｒ情報が大きな役割を果たしている。

首長という信頼性ある情報発信者が、わかりやすい言葉で即時に情報を発信したことが、被災住民を安心させ市民の安全を守ったという点で、熊本市長のとった施策は注目される。ただ、こうした成果は簡単に生まれるものではない。県議を経験している市長のＴｗｉｔｔｅｒ歴は２００９（平成21）年からになる。ＳＮＳでは既に7年のキャリアを積んでいる。大西市長がＴｗｉｔｔｅｒに注目したのは、２０１６（平成28）年８月の花火大会である。雨で開催が危ぶまれたこのイベントに市民からの問い合わせが市役所に殺到した。大西氏はＴｗｉｔｔｅｒで大会延期を住民に知らせ、情報の拡散に助力した。それをきっかけに、市長はＴｗｉｔ terの威力を認識したようである。大西市長は役所からの情報発信には時間がかかる、市長自らが住民に重要情報を伝えることには速報性という点で利点が大きいという感想を残している（毎日新聞、2016年10月17日）。

4 速攻性と拙速の課題

ただ、速効性や即応性は、拙速と紙一重でもある。この先、首長に限らず議員の間でも、SNSを災害情報の収集に活用し、住民に警報や避難情報を流そうとするケースが増えるかも知れない。しかし、災害時にはデマが発生し、それが拡散するのが通例である。今回のような成功例とは別に、首長から誤った情報が流され、それが瞬時に拡がるという事態が起こる可能性もあり得る。大阪府北部地震が発生した際、府内のある市の市長がTwitterで小中学の休校を公表したことがある。これは教育委員会の意図とは異なるため、一時、混乱を生んだことがあった。首長には今後、情報の精度を見抜く能力の開発が必要になる。場合にもよるが、出来る限り情報の可否を一人で判断し、それを住民に伝達することは避けるべきかも知れない。情報処理には複数の眼を通す、それを原則にする制度も考えるべきである。

災害対応の最前線に立つ被災した市町村にとって、発災直後に錯綜する不正確な情報にどう対応するかは、いつの時代でも大きな課題である。大半の自治体は、平時から災害発生に備え、正確な情報を伝達する体制の構築に努力を重ねている。しかし、首長を含め職員や庁舎も被災する場合もある。被災規模によっては通信インフラが寸断されることも予想される。東日本大震災の経験が、そのことを明確に示しているが、自治体はＳＮＳが情報伝達の選択肢の１つでしかないことを改めて認識すべきである。この後、ＳＮＳの活用と実績、それに課題につき、引き続き検討したいと思う。

4 キルギスからの女子高生と情報ソフトの危機管理力

1 キルギス共和国からの女子高生

２０１８（平成30）年6月末、拙宅に中央アジアの小国、キルギス共和国（人口６００万人）から15歳の女子高生がやってきた。本人の名前を仮にアルガとしておこう。アルガは以前、小学校2年生の頃、母親とともに横浜で2年近く暮らした経験がある。今回、ほとんど忘れた日本語を思い出すため、遠路、日本に来ることに決めた。2カ月余り滞在する予定であったが、わが家に着いて旅装を解くと、アルガはやがて成田までの苦難の道のりを話し始めた。その内容は、日本の女子高生には到底、想像もつかない危機体験の連続になった。ほぼ2日がかりでようやく日本に辿り着いた彼女の話には本当に驚いた。旅の途中で彼女を危機から救ったのがパソコン端末のタブレットであったことには、2度、びっくりした。

キルギスの首都はビシュケク。女子高生アルガはここから満員のバスに揺られウズベキスタンのタシュケントに向かった。タシュケントから成田行きの直行便に乗るのがアルガの旅程になった。タシュケントまでは12時間のバス移動。旅費の最も格安につく行程は、これしかなかった。満員である上、膝が前の席に触れる窮屈な車内に12時間も乗る旅と聞かされ唖然としたが、途中、バスは隣国、カザフスタンに入る。この国境でパスポートの審査を受けるが、アルガにはそれが最初の関門になった。国境警備員は15歳の高校生にカザフスタンを通過するためのワイロを要求した。同じことは、バスがカザフスタンを経由しウズベキスタンに入るときにも起こった。ここでも国境通過に裏金が要求された。

2 危機状況とSNSソフトの威力

2つの国境で予定外の問題に出くわしたアルガは、2度にわたり同じような対策をとっている。カバンからタブレットを取り出し、本国の母親に窮状を伝えるという手段であった。そのとき使ったのが、アメリカを中心に世界に広がる「ホワッツ・アップ」（WhatsAPP）である。これは、LINEに似たSNSソフトであるが、それを介してアルガはキルギスでオンブズマンの事務所に勤める母親に連絡を試みた。「ホワッツ・アップ」の画面に登場した母親は、画面を通して警備員に猛烈に抗議し、アルガはやがて無事、国境通過の許可を取ることができた。

それまでが大変であったとアルガは言う。係員の執拗なワイロの要求に窮した彼女は大声を挙げて泣いたらしい。ところが、役人の態度は「ホワッツ・アップ」がつながるまで容赦なかった。「カネを出さないと国境を越えることはできない」の一点張りであった。ただ、ＳＮＳがつながり母親が画面に現れると係官の態度は一変した。母親が行政の不正を糾弾するオンブズマンの事務所に勤務することが分かると、係員は悪事が関係省庁に伝わることを恐れたのであろう、要求をすぐに取り下げたとアルガは説明している。

国境を無事越え、ウズベキスタンのタシュケントに到着したアルガを待ち受けていたのは、空港で10時間以上、成田行きを待つという別の試練であった。ここで彼女は日本へのお土産を買っている。メロンとさくらんぼである。後にこのお土産を頂戴した当方は、これには相当、困惑した。植物検疫を受けずに紙袋に入れた果物が、堂々と国内に持ち込まれているからである。下手をすると、ＳＡＲＳや鳥インフルエンザのような騒動を起こすきっかけになるかも知れない。オリンピック・パラリンピックが開催されると動物や植物の検疫を受けない食品や果物が国内に相当、流入することが予想される。それを防止する方法は、オーストラリアに倣って検疫を徹底するか、そうでなければベトナムのように規制を外すしかない。いずれの方式を採るか、国はこれから難しい選択に迫られる。

３　ＳＮＳの今後と課題

「ホワッツ・アップ」や「ＬＩＮＥ」と呼ばれるＳＮＳソフトは、時間と空間を問わない。時差とは関係なく、国とは無関係に作動する新しい情報伝達手段である。そのお陰でアルガは、2度にわたり「関所」を無事、通過することができた。危機に際してＳＮＳがどれだけ威力を発揮するか、アルガの経験が教えるところは少なくない。日本でもこの先、ＳＮＳはいろいろな危機管理、とりわけ災害対応に広く使われることはほぼ間違いがない。

この先、問題が起こることも予想される。不特定多数の住民が携帯やスマートフォンを使って自治体に災害情報を寄せる可能性が増える。そうなると、自治体の災害対応は住民からの情報で収拾がつかなくなる。自治体は住民がＳＮＳを介して自治体に届ける災害情報を整理・分析し、中身の精度を上げる方法を案出しなければならない。その点で内閣官房が公表している「災害対応におけるＳＮＳ活用ガイドブック」が参考になる。このガイドブックは、ＳＮＳで寄せられる様々な情報をどのように分析し、それをどう活用するかなど具体的な事例とともに説明している。自治体がフルに活用すべき資料と考えられる（内閣官房・情報通信技術（ＩＴ）総合戦略室「災害対応におけるＳＮＳ活用ガイドブック」２０１７年）。

もう1つ、国立研究開発法人情報通信研究機構（ＮＩＣＴ）が開発したＳＮＳ情報分析システム「ＤＩＳＡＡＮＡ（ディサーナ）」も注目される資料である。これは、Ｔｗｉｔｔｅｒから発信された情報をリアルタイムで整理した上、その結果をウェブ上で即時に公開するシステムである。中身は「質問応答モード」と「エリア指定モード」に分かれる。質問モードに「熊本県のどこが孤立しているか」を入力すると、孤立している地域が一括、画面に即座に現れる。エリア指定モードで「熊本県南阿蘇村の被害状況」と入力すると、その地域で発生した土砂災害や崖崩れ、家屋の倒壊などの情報が掲載される仕組みになっている。このシステムがこの先、一層、実用性を増すと、自治体はこのツールを利用して被災状況を把握し、被災者のニーズに的確に応答することが可能になる。大変な優れものであるが、名称が意味不明である。もう少し馴染みやすい名称にならないかと思う（https：//disaana.jp/rtime/search4pc.jsp）。

今後、災害対応でSNSが活用されデジタル化が進むことは間違いがない。ところが、災害情報のデジタル化には落とし穴がある。デジタル化はパソコンの確保とその稼働を必須要件としている。指摘するまでもないが、パソコンが手許にない場合や停電が起こった際には、システムは完全にお手上げ状態に陥る。２０１６（平成28）年４月の熊本地震では宇土市がそうした難問に出くわしている。震災前、同市では約３００台のパソコンが稼働していた。ところが、４月14日に本震が発生し、災害対策本部は市役所裏の駐車場に移動することになった。そのため、市役所が使用できるパソコンはわずか2台に激減した。その後も対策本部は移動を余儀なくされるが、その間、利用できるパソコン台数は3台の状況が続いたが、それが最低限必要な１５０台にまで回復するのは、発災からおよそ1カ月後のことになった（斉藤泰「平成28年熊本地震において本庁舎が被災した自治体の災害対応について～宇土市役所の事例～平成28年度」、『地域防災データ総覧「平成28年熊本地震編」』２０１６年）。そうした実例を考慮に入れると、アナログ型の情報伝達方法を軽視すべきではないとも考えられる。防災行政無線、個別受信機や広報車、消防団による広報など、アナログ型の情報伝達手段は引き続き有効に作用する場合もあり得る。災害情報がデジタルの一点豪華主義に止まることは危険である。新旧の情報伝達手段を織り交ぜ、災害伝達方法は多元化することが得策と考えられる。

5 ドローンの登場―防災への活用と課題

1 拡大するドローンの利用幅

ドローンと呼ばれる新しい小型無人ヘリが注目を集める。2018（平成30）年現在、日本でドローン市場は860億円前後に上る。2024年になると、それが3711億円台にまで拡大する見通しである。2018年現在、携帯電話の市場は10兆円、パソコンは9000億円の市場規模を誇っている。それらに比較するとドローン市場はまだまだ規模が小さい。ところが、この小型無人機は近い将来、利用範囲を大きく膨らませると期待が集まる。ここ数年の間に防災や災害支援でドローンの活用価値は格段に上がるという見方が有力である。

現在のところ、ドローンは農業の現場で使われることが多い。ほとんどは実験の域を出ないが、上空から肥料を散布することをはじめ、農作物の生育状態をチェックすること、それに鳥獣による農作物への被害対策などに、この機材を利用する試みが進んでいる。他にも橋梁やダムなどの安全性を空から検査すること、土地などの測量、それに観光地の空撮などにも利用されている。

北海道を対象にした調査によると、道内179に上る自治体の内、19の自治体がドローンを既に導入している。7団体が導入予定、31団体が導入を検討中という結果である。利用方法としては、観光地などの空撮が最も多いが、それに防災・災害把握が続く。他では、鳥獣被害の調査についてもこの機材の活用度が高い（北海道・札幌市政策研究みらい会議「報告書」2017年）。ドローンを避難訓練に活用するところや、地域の防災イベントに小型機を登場させる試みも増えている。会場にドローンが現れると一般市民の関心は高まる。「客寄せ」の手段に利用できる他、ドローンを実見することで住民の災害対策に対する距離感は格段に縮まる。

2　ドローンをめぐる災害への官民協働

ドローンはヘリコプターに比較して小型で騒音が少ない。そのため、災害時の情報収集や、情報を住民に伝達することに威力を発揮すると考えられる。仙台市では津波発生の可能性が出ると、海辺にいる人びとに避難を呼びかける手段としてドローンの活用を検討中である。一方、浜松市では地元の大学や企業と共同で、緊急時に医薬品を小型無人機に搭載し、それを被災地に届ける実験を重ねている（産経新聞2017年12月2日）。

最近、国や自治体がドローンをビジネスにする企業、あるいは、それらを束ねる業界団体と協定を結ぶ事例が増えている。災害が発生すると民間企業や業界団体がドローンを現場に飛ばし空撮した映像を国の機関や自治体に無料で提供する。災害現場をリアルタイムで映し出す映像は、国・自治体の災害対策の確度を高め、内容の充実に役立つと期待される。国レベルでは総務省消防庁が、2018（平成30）年3月、京都に本部を置く（一財）「ドローン撮影クリエイターズ協会」と、「災害時等における無人航空機による情報収集活動（撮影等）に関する協定」を締結した。これはドローンの利用価値の拡大を目的に組織された団体であるが、消防庁がこの組織と協定を結んだことで、災害発生の際の現場映像や画像が瞬時に消防庁に伝送される仕組みが出来上がった。

自治体との間では、同じ団体が２０１６（平成28）年に京都府と協定を結んだことを端緒に、政令市やいくつかの一般市とも取り決めを締結している。これに似た事例は、他の地域にも広がっているが、立川市、武蔵野市、三鷹市など多摩地区14市は、２０１８（平成30）年４月に災害支援活動を続けるＮＰＯ法人と防災協定を締結した。発災した場合、ドローンを活用するＮＰＯ法人が被災地の上空から建物の崩壊や道路の寸断などの状況を撮影し、その結果を地図に反映し自治体に提供する、それが協定の中身である（東京新聞、２０１８年4月26日）。

3 ドローン利用の拡大と危険度の増幅

ドローンの利用に関して、日本ではそれを「平和利用」に限定し、活用を肯定的にとらえるのが通例である。アメリカなどではドローンは国民の安全や安心を脅かす危険な武器という意見さえある。アメリカが２００1年に軍事目的に開発したドローンは、元々、アフガニスタンに隠れるアルカイダを探査するための機材として登場した。その後、操作が簡単であることに加え価格が安いため世界各地に利用が拡散し、現在では問題と思われる使い方も頻発するようになった。

アメリカの例で言うと、刑務所の外からドローンを使い服役中の友達に脱獄を助ける機具を送り届けた事件が出ている。日本でも首相官邸にドローンが墜落する出来事があったが、小型ヘリが警戒の厳重なホワイト・ハウスに墜落しアメリカ政府を震撼させた。この事件をきっかけに日米共にドローンの飛行規制を強化するようになっているが、ドローンを管理する政府の仕組みは多くの国で遅れ気味というのが現状である。アメリカの軍関係者の間で目下、NINJAと略称されるプロジェクトが進行中である。これは、ドローンを特殊なセンサーを使って打ち落とすことを狙いにした計画である。

2018年8月4日にベネズエラで起こった事件が注目される。首都カラカスで行われた国家警備隊の式典で大統領が演説中、プラスチック爆弾を搭載したドローン2機が会場の上空で爆発した。狙いは大統領の暗殺であったと見られているが、使われたのは中国の深圳市に本社を置くDJI社製の機材であった。DJI社製のドローンは世界の市場の72%を占める。ドローン生産では中国が現在、世界一の地位を誇る（Time誌、2018年6月11日版）。

他の多くのイノベーションがそうであるように、ドローンはわれわれの生活を改善する貴重な道具である。同時に、それは社会を破壊する危険な武器にも変わる。どの道を選ぶか、決めるのは利用者の理性と判断力にかかっている。

6 デマ、伝聞、風評と「災害神話」

1 災害と「フェイク・ニュース」

災害が発生すると情報が錯綜するのが通例である。古くは、1923（大正12）年9月、関東大震災が発生した際、社会情勢が不安を増すなか一部の住民の間で、当時の表現を使うと「朝鮮人」が暴徒化し、住民に危害を加えるなどの空言が飛び交った。一部の新聞がそのことを真実であるかのように報道したため、各地で「朝鮮人」を虐殺するなどの問題が発生した。どれだけの被害者が出たかは不明であるが流言飛語の恐ろしさを改めて考えさせられる事件であった。最近でも虚言が大きな問題を引き起こしている。2016（平成28）年に起きた熊本地震の際には、動物園からライオンが逃げ出したという「フェイク・ニュース」が流れた。デマはライオンが町中を歩く画像であったため、一時、熊本市役所に100件以上の照会電話が届いたと言われる。災害の発生にデマはつきものであるが、震災後の混乱したなかでの悪質な誤報には、それを事前に防止するための法的措置を準備しておくことが必要かも知れない。

ウソの報道として世界的に知られてきたのは、1938（昭和13）年10月30日、アメリカ全土を震撼させたと言われるラジオ番組である。ハロウィーンを控えたこの日、夜8時、CBS放送は「宇宙戦争」

と呼ばれるＣＭなしのラジオドラマを放送した。番組は、チャイコフスキーのピアノ協奏曲第1番の演奏から始まり、それが中断されるとオーソン・ウエルズ（Orson Welles）という当時はまだ無名の若手声優が、「20世紀初頭から人類は、人間より知恵の優れた生物物体によって監視されている」と紹介した。ナレーションが終わると、「政府気象庁」から天気予報が流れ、放送の舞台はニューヨークの「パーク・プラザホテル」に移った。そこでタンゴ曲、ラ・クンパルシータが演奏されるが、それが突然中断され、「プリンストン天文台」からの中継で火星に異変が起こり、爆発が続いているという臨時ニュースが放送された。

ニュース速報は数分で終わるが、そこで番組は再びラ・クンパルシータに戻った。すると今度は、ニュージャージー州の農場から報道記者のカール・フィリップが、円筒状の隕石が農場に飛来し、そこから火星人が続々と地上に降り始めたという異様な光景を伝えた。フィリップ記者は異臭を放つ火星人が光線ビームを放射し、民兵（ミリシア）を次々に殺害しているという現場中継を続けた。同氏の持つマイクロフォンは、人びとの悲鳴を捉え痛ましい現場の様子は緊迫感を持って全米の聴取者に届けられた。途中、プリンストン天文台の教授が事態の深刻さを説明し、展開する悲惨な場面はより一層、切迫感を増した。放送記者はやがて火星人がニューヨーク市を目指していることを明らかにし、番組の中継報道を信じた市民の間では各地でパニックが起こった。

2 ウソの報道番組と過大評価された影響

これが、オーソン・ウエルズを一挙に全国区にした有名な「火星人襲来」の粗筋である。この番組には、内容をリアルにするため頻繁に臨時ニュースを挟むという手法がとられた。当時、ヨーロッパでナチスが台頭をはじめ、アメリカ国民はラジオから臨時ニュースが流れることに敏感になっていた。そのため、臨時ニュースを使う手法には抜群の効果があった。番組に登場するホテルや楽団、放送記者、それに気象庁などの名称は、すべて実存する組織や人物に似せて作られていた。気象庁は本来、「アメリカ合衆国気象庁」が正しい。それが「政府気象庁」に変更されていた。また、州兵であるべきところが民兵に変わり、プリンストン大学教授であるべきところが、「プリンストン天文台教授」というウソの肩書きに置き換えられていた。すべて、番組の真実味を増すための演出であった。

この奇想天外な放送ドラマは、危機管理という課題にいくつか大きな教訓を残している。「火星人襲来」は古くから、全米市民に大きなパニックを引き起こしたウソ番組の代表的事例と信じられてきた。今で言うフェイク・ニュースが社会を混乱に陥れた古典的ケース、現在でも多くの人びとがそう信じ切っている。かく言う筆者も久しく、オーソン・ウエルズが放送した「火星人襲来」は、ニューヨーカーを恐怖に陥れ、市民のパニックを誘発した有名な番組と信じてやまなかった。ところが、当時から既に「火星人襲来」がニューヨーカーを恐怖に陥れたというのは、ウソという見方があった。どうやら「火星人襲来」というウソ番組が大きな混乱を引き起こしたというのは、ウソというのが真実のようである。

3 「災害神話」と実際

ニューヨーク・タイムズを含む新聞各社は、「火星人襲来」を聴いた聴取者は６００万人、それらの人びとが恐怖を感じて大きな騒動に発展したと説明してきた。ところが、オーソン・ウエルズの放送は別の放送局のコメディ番組に押され、実際にはほとんど聴かれていなかった。５０００人を対象にした事後調査では、98％が他の番組を聴いていたが、「火星人襲来」を生で聴いたのはわずか2％であった。結局、「火星人襲来」という番組がパニックを誘発したというのは誤報と判明した。そのように、証拠のない伝聞がまことしやかに事実として広く信じられる様子を、災害心理学では「災害神話」と呼んでいる。

実は日本にもこの手の「災害神話」が多数、存在する。災害が起こると、人びとはパニックを起こし、われ先に被災地から逃げようとすると信じられている。また、被災地では略奪行為や盗難が急増するとも考えられてきた。いずれも、証拠に乏しい災害神話と言われている。東日本大震災で大きな被害を出した3県の被災者、合わせて８７０名を対象にした調査では、４９６名（57％）が地震発生直後に率先避難している。なんらかの用事を済ませ待避したのは２６７名（31％）、津波がくる直前まで避難しなかったのは94名（11％）、避難しなかった人は13名（1％）である。被災者の過半数が地震とほぼ同時に避難しているが、その理由として「津波が来ると思った」という回答が最も多い。それに続くのは、「家族や隣人が避難を促した」、あるいは「隣の人が避難を始めた」、さらには警報を聞いたなど合理的と思われる情報にもとづいて避難行動を起こしている。こうした調査結果から、被災者はパニックを起こして見境なく逃避したのではなかったことが明らかになる。略奪行為や盗難についても、風聞が先行する災害神話であると考えられるが、東日本大震災の場合、警察庁の調査によると被災3県の犯罪認知件数は、実際には減少したという報告がある（東北地方太平洋沖地震を教訓とした地震・津波対策に関する専門調査会第7回会合資料「平成23年東日本大震災における避難行動等に関する面接調査（住民）調査結果」２０１１年）。

風聞、風説やデマで最も困るのは、風評被害である。証拠の乏しい「口頭伝播」が被災地の農作物や水産物を直撃している。それが韓国や台湾にも飛び火している。残念ではあるが、それを解消する即効薬は見当たらない。最善の方法は、圧倒的な量の科学的証拠を挙げることである。伝聞の信頼度は客観的データには勝てない。オーソン・ウエルズの事例では、同氏は放送がドラマであることを番組の中で数回、さりげなく挿入している。ただ、聴取者が聴く耳を持たなかったのが問題とされる。現在の風評被害でも相手国が耳を貸すまで粘り強く、証拠を挙げて説得を続ける必要がある。

第5章

首長と災害対応

1 不測事態の発生と首長のリーダーシップ

1 首長制の2つの顔—強い首長、弱い市長

日本の地方制度は、一般に二元代表制と呼ばれるシステムを採用している。指摘するまでもないが、首長と地方議会議員がともに住民から直接投票によって選ばれるのがこの制度の特徴である。二元代表制には、2つのパターンがある。その内、日本の制度は「強い首長制」(Strong Mayor-Council Form of Government)と区分される。「強い」と呼ばれるのは、首長が予算編成権を掌握し、行政部の人事権を管理する他、議会審議に異議を唱える再議権を保持しているからである。他にも、日本では久しく首長が議会の開催を決め、その予算をコントロールし、議会事務局の人事にも影響を及ぼしてきた。首長はまさしくあらゆる権限を一手に集める大統領である。

そうなると、「弱い首長制」という制度はあるのかという疑問が湧くかも知れない。実はアメリカ州政府の知事職は、古くから弱い役職として有名である。知事が弱いリーダーの代表的事例と見られるのは、ほとんどの幹部職員が公選職になっているからである。知事が直接選挙で選ばれるのは当然としても、副知事、総務長官、財務長官、司法長官、教育長官など、行政部の主要役職も選挙にかかるのが一般的である。もとより例外もある。なかには、知事と副知事が対になって選挙を争うという場合も出る。ただ、カ

リフォルニア州のように公職多選制を採るところでは、知事は権力や影響力という点では、他の公選職と立場はほとんど変わらない。日本と異なり、知事がリーダーシップを発揮するには、相当な政治的センスと「腕力」が必要である。

カリフォルニア州で2度にわたって知事職についたジェリー・ブラウン（Jerry Brown）と言う政治家がいる。全米でも名の知れた有力な民主党員である。ブラウン氏が知事職についた1期目（1975－1983）、この公選職がいかに弱いかを露呈する大きな事件が発生した。知事は公用のため、州外に出張することになった。その間、副知事は知事の代行を務めるのが習わしであるが、当時の副知事はミュージシャンとして有名なマイク・カーブ（Mike Curb）と呼ばれる共和党員であった。カリフォルニア州では、知事が留守中には副知事がその職責を代行する決まりであるが、それは名目上のこと、知事に代わって実際の執務は行わないというのが不文律になってきた。ところがカーブはこの慣行を破った。空席であった巡回裁判所の判事を共和党寄りの人選で埋めたのをはじめ、知事に託されていたいろいろな事案を決済してしまった。これにはブラウン知事は激怒し、早速、法的手段をとった。職務代行は形式的なものに過ぎない、それを実際に執行するのは副知事の越権行為というのが、ブラウン側の主張であった。対する副知事は、知事権限の代行は州法に定められたれっきとした制度である、形式ではなく実体を伴う手続きという見解を示した。案件は連邦最高裁にまで行ったが、裁判所の結論は副知事の職務代行は名目上の儀式に止まらない、事務執行は有効と判断された。

知事権限の弱さを示す事件であったが、これが災害に関わってくると問題はより深刻になる。大きな災害が発生すると、権限の弱い知事は対応策を進めるため、副知事をはじめ公選職で選出された役職者との間で情報の共有、意思の統一に腐心する必要がある。この作業は、民主と共和、両党の違いが絡んで複雑化するのが通例である。州政府内部の幹部間で起こる意見対立は、しばしば政治化を深め災害対応の遅れをもたらす。さらに、知事と災害現場となった自治体の市長との間でも政治対立が発生し、いさかいが絶え間なく起こる。政党政派の軋轢や州政府と自治体間での対立は、１９９５年夏アメリカ南部を直撃したハリケーン・カテリーナの災害対応をめぐって表面化した。政治的対立が、政府や自治体の対策を大幅に遅らせ被災者を窮地に陥らせた。ハリケーン・カテリーナによる災害が人災と呼ばれるのは、そのためである。

もう1つ、災害に絡んで権限の弱い市長はどのような行動をとったかを紹介しておきたいと思う。「弱い首長制」をとる市として知られる自治体にロスアンゼルス市がある。ロスアンゼルス市では、市の予算、政策、それに行政部人事を決めるのは15名で構成される市議会である。より正確に言うと、市議会は予算を検討するため委員会を発足させる。それには議員から委嘱を受けた一般市民も委員として加わる。委員会はやがて予算案を検討し決定するが、それが議会の審議にかけられロスアンゼルス市の正式予算に決まる。その間、市長には予算編成に関わる権限はない。市長は予算審議の傍観者に止まるが、決まった予算を粛々と実行に移すのが市長に託された職責である。

１９６１年から１９７３年にかけ、この町をサム・ヨーティ（Sam Yorty）という名前の政治家が市長を務めた。毀誉褒貶の定まらない首長であったが、任期中の１９６５年、全米を驚かす大きな暴動事件が発生した。ロスアンゼルス市中から南に一時間程の距離を車で移動すると「ワッツ」と呼ばれる地域に着く。ここは人口のほとんどが黒人をはじめマイノリティが占める治安の悪い場所として知られてきた。地域に住む居住者の多くは、車社会のアメリカで自動車を持たないため仕事に就けず、日常生活では近所の割高な食料品店で必要な品物を買わなければならない。地域住民は差別と貧困に苦しみ、長い期間にわたって不満を募らせてきた。苛立ちが鬱積した状況は限界に達し、１９９６年夏、住民は「ワッツの暴動」として知られる大きな騒擾事件を起こした。

各地で放火が起こって町は少なくとも３日間、延焼を続けた。最終的には、警察や州兵が動員され、事態はようやく鎮静に向かうが、途中、ヨーティ市長はマスコミからインタビューを受けた。この時のコメントは、弱い市長のジレンマを示すものとして広く知られることになった。報道記者が「市長として暴動を収拾する最善策は」と尋ねると、市長は「ロスアンゼルス市にいないこと」と答えたと伝えられる。誇張や皮肉も込められているが、市長が暴動の現場にいても何もできない、それなら市中にいない方が対策の邪魔にならなくていい。ヨーティ市長の自虐的なコメントであった。

これは多方面から批判を受けるが、一般化して言うなら、首長権限が制限される自治体で市長に唯一、残された手段は「写真写りのよさ」（Photogenic）を武器に住民に直接、アピールすることである。首長はマスコミをはじめ住民に対して、良い印象をあたえることを常に意識する必要がある。好感度のイメージを手に市長は、住民を説得しマスコミを味方につける。それを糧に首長に対抗する議会を説得する。首長にはどこの国でも絵柄の良さを背景に、「説得力」(Power of Persuasion)を磨くことが必要になる。ヨーティ市長は問題発言をくり返す政治家ではあったが、「旅行好きサム」と愛称され中西部訛りで話す演説は有権者の一部に強い人気があった。災害の場でもヨーティ氏は「写真写りの良さ」の鉄則を忘れなかった。それが、同氏が12年にもわたってロスアンゼルス市長に在職できた秘密である。

2 異なる首長の資質―「閉鎖型指導者」と「開放型リーダー」

日本はアメリカなどと異なり、自治体の首長は大きな権限を担っている。条例の発議や制定をはじめ、予算編成や行政部人事の掌握など、首長権限は地方行政の広い範囲に及ぶ。これは災害についても同様である。災害対策基本法などが知事や市長の権限を規定し、首長には各種の案件について指示や命令を出す権限を認めている。他の多くの国と異なり、日本では首長が災害対応の指揮者になる決まりである。首長に危機対応の能力が不足していると、対策は問題を抱えはじめ影響は被災者に大きくのしかかる。首長の力量と裁量は、危機対策の決め手である。ただ、危機に際して首長はどのような役割を果たすべきかという課題になると、答はやや複雑になる。

不測事態の発生に直面して首長の果たすべき役割には、2つの異なる見解がある。1つは、裏方に徹して災害処理に専念する役柄である。阪神淡路大震災が発生した際、当時の笹山幸俊・神戸市長はマスコミからの取材やインタビューの要請に一切、応じなかった。公開の場にほとんど姿を見せず、ひたすら災害対策の解決に没頭した。結果として市長は、相当の期間、神戸市民の前に姿を見せることはなかった。ただ、市長は舞台裏で神戸市の復興を促進する重要な決断を下している。瓦礫に埋まった神戸市では、それを除去するためにおよそ3000億円の支出が必要になった。当時の神戸市の予算は2億円、国からの支援が不明の状態で3000億円は市にとって大きな負担になった。当時、国から派遣され市長の側近として救援活動に関わった自治省（当時）関係者によると、笹山市長は熟慮の末、瓦礫撤去を市独自でヤルと決めたと言う。この決断がなければ、神戸市の復旧は進まなかったというのが、側にいた中央省庁の職員の感想である。

裏方に徹する市長を「閉鎖型指導者」と言うなら、それを正面から批判した市長がいた。建設省出身で横浜市長を務めた高秀秀信氏である。同氏は自著、『大震災　市長は何ができるか―自治体の危機管理（ASAHI NEWS SHOP）』（朝日新聞社、1995年）の中で、大災害に際して市長はできる限り公開の場に顔を見せることが重要とくり返し指摘している。罹災した住民は市長の積極的な姿や檄にふれ、不安は和らぎ心理的な焦燥感は緩和されると高秀市長は主張した。こうした姿勢を「開放型リーダー」と表現するなら、現状では災害時の市長の役割については、ほとんどの訓練や研修では首長に「開放型リーダー」になることを勧めている。市長が住民の目に見える存在になることが、住民への励みや復興への意気込みに連なるというのが、一般的な見方である。

ただ、この2人の性格の異なる市長がとった対応策には、それぞれ利点と欠点がある。危機に際して公選市長が果たすべき機能や役割については、これからも論議を続けることが望まれる。論点の1つは、「政治家」である首長と「執行部」の長である市長を、どう使い分けるかにかかっている。笹山市長は執行部の長であることに固執した。そのために外部との接触をできるだけ避ける行動を取った。しかし、知事や市長は政治家でもある。選挙で「フダ」を集めるためには、政治を意識したパフォーマンスもしなければならない。誤解を恐れず言うなら、テレビカメラを前に災害の現場から対策の現状や将来について説明する市長の姿は、選挙向けには最高のステージである。実際、小さな村の村長で事後、衆議院選挙に出馬し当選した事例も出ている。

首長は政治家ではあっても危機管理の専門家ではない。テレビに登場するのは、最小限に抑えるべきである。高秀氏の論議には首長は災害対応のプロではないという視点が欠けていたように思う。市長は公の場にできるだけ登場し、被災者の心理的不安を解消する役割を果たすというのは、もっともな意見である。ただ、ほとんどの場合、首長は災害対策についてはアマチュアである。必要以上にテレビ画面に登場するのは、災害対策に政治色を盛り込むきっかけを作るかも知れない。熟慮を必要とする行動と考えられるが、その点から言うと、過去、危機対策に地方議員が関わる余地はなかったことを思い起こすべきである。地方議員が災害対策から排除されてきたのは、行政ベースで進めるべき災害対策に政治が混入することを危惧したためである。同じことは、市長についても言える。災害対策は政治抜きが原則である。市長が度々、マスコミのカメラの前に登場することには慎重でなければならない。状況説明は、副市長や総務部長、あるいは危機管理監など、首長の補佐役が担当するのが至当と思われる。

この関係で言うと、2014(平成26)年4月に韓国の珍島沖で発生した海難事故が重要な示唆をあたえる。事故は修学旅行生をはじめ死者が200名を超え、行方不明者も100名近くに上る大惨事になった。当時の朴大統領は、子供の安否を気遣う家族が待機する体育館に直接、出向くという行動をとった。現場に到着してみると、予想に反して大統領は家族から大変な非難の集中攻撃を受けた。大統領が被害者の家族に接触しようとしたのは、被害者家族の不安の緩和と安心感をあたえるためであった。ただ、この行動を起こすためには、大統領は事前に周到な準備と理論武装をしておかなければならなかった。大統領が心理的に揺れ動く家族に進行中の救援対策の詳細を説明するのは当然のことである。加えて、救助策が進むと、何が、何時、どう変わるかを、具体的な数字を上げて説明すべきであった。「最大の努力を重ねる」という抽象的な約束をくり返すだけでは説得力に欠ける。この惨事では大統領にそれだけの準備がなかったため、大きな非難を沸き起こす結果になった。その責任の一端は大統領を支える官房スタッフにあった。官房機能を担う人びとは、客観的な資料を幅広に集め、それを説得力のある理論に組み立てる仕事が任されている。その不足が、大統領の訪問意図を狂わせる原因を作った。

これを日本に引きつけていうと、危機状況にあって自治体では副市長や総務部長、それに危機管理監など、首長を補佐する役職者の機能が重要になる。不測事態が続くと、首長は各種の政策選択に迫られる。あらゆる課題についての判断が首長に集中すると言っても過言ではない。膨れあがる難問や課題を前に、それらを手際よく処理できる指導者は、そういるものではない。増える決済事案を眼前にして呆然と立ち尽くすのが、ごく普通の指導者の姿である。それを救うのは、首長を背後から支える補佐役である。副市長など幹部職員は、A、B、Cの3通りの政策オプションがあれば、Aが適切という決断を首長に代わってあらかじめ決めておく。その上で幹部職員は決定した事案の裁可を首長に求める。Aの選択を「よし」とするかどうか、首長に最終判断を仰ぐ。それが危機状況下での意思決定のあるべき姿と考えられる。要は、危機状況下、首長の政策判断は幅と量、ともにできるだけ小さく少なくすることが必要である。

3 危機とリーダーシップ

ア 多角的視野

「閉鎖型指導者」か「開放型リーダー」かで、指導者としての「役割」は相当、異なる。しかし、危機に直面するリーダーシップという観点からすると、閉鎖型であれ開放型であれ、指導者として持つべき基本的な「資質」には、それほど大きな差はない。組織の指導者には、識見と力量、それに度量が求められる。その点は、指揮者の個性と関係なく、普遍的な課題として考えておく必要がある。ここでは6つの指標が指導者に必要とされる能力という仮説を説明していこうと思う。6つの要件は危機の指導者に求められる最低限必要な資質というのが、ここでの論点である。それらの項目は英単語に置き換えるとすべて「P」で始まる表現に符号する。つまり、6つのPが危機に臨んで組織のリーダーに求められる基本的な要件になる。もとより、それらが指揮者に必要な性質のすべてと言うつもりはない。それ以外にも求められる資質があるかも知れない。6つのPは、あくまでも危機状況における指導者に必要な最低限の条件である。

1つ目は、「多角的視野」(Perspective)である。具体的な事例は、2011(平成23)年に発生した東日本大震災に見つけることができる。大災害が発生し津波が福島原発を直撃した直後、当時の首相は予想外の行動をとった。発災の翌日、朝7時、自衛隊のヘリを使って原発事故の現場視察を実行しようと試みた。これには反対意見もあったが、被害状況の実見のため首相はヘリで現場上空を飛来することを決断した。現地からもどると、首相は直ちに東京電力本社に向かい、東電幹部に原発の事故処理をテーブルを叩いて督促したと伝えられる。首相の焦りには同情すべき点も多い。原発事故は対応を間違うと東北圏はもとより、首都圏全域に壊滅的な打撃をあたえる可能性があった。日本「沈没」の危機を秘めた未曾有の事故を前に、国政の責任者が原発事故の早期対応を迫るのは当然のことである。

しかし、仮にそうであったとしても、日本のリーダーとして他にも対応すべき重要な課題があった。首相の行動には別の選択肢はなかったのかという疑問が残る。それを言うのも個人的につぎのような経験をしたからである。原発事故から数日後、筆者は国際会議に出席するため北京に出張した。中国政府が主催する学会であったが、到着したその夜、出席者が全員集まるレセプションが催された。その会での話題は、ほとんどが「フクシマ」についてであった。中国、韓国はもとよりアメリカやヨーロッパからの参加者から、筆者に対して日本の原発事故の対応と処理について多数の質問が寄せられた。わけても、中国と韓国の参加者からは、福島の海洋汚染が両国の沿岸に漂着する可能性があるかどうか、放射性物質が他の国に拡散するのではないかなど、事故を憂慮する意見が多数、寄せられた。

素人である筆者には答えようのない質問であったが、こうした会話のなかから原発事故は日本だけに限られた難問ではない。事故は世界的な影響を及ぼすグローバルな難題であることを改めて認識した。その視点に立って首相の行動を検討し直すと、総理には福島原発の事故が隣国にあたえる影響、アジア諸国に及ぼすインパクトなど、世界的な意味を念頭に置いた行動を取る必要であったと思い直した。首相は事故の早期解決で頭の中は一杯であったかも知れない。そうであっても、リーダーには眼前の問題を広い角度から検討する視野の広さが求められる。近隣各国への配慮や関係各国との情報の共有など、指導者として考慮すべき課題は山積していた。

これを自治体の文脈で考えると、首長は大きな災害に直面したとき、例えそれが地域にとって喫緊の課題であっても、問題をより大きな視角から検討し分析する能力を持つことが望まれる。これはリーダーとして不可欠な資質である。災害のインパクトを近隣自治体との関係や、県域にまたがる事態として考える訓練を積むことが災害に見舞われた首長に望まれる行動指針である。ミクロな見方しかできない首長は、往々にして災害現場の実情を過小評価するか、そうでなければ過大評価する傾向がある。その点、多角的視野から全体像をつかもうとする首長は、眼前の災害を客観的で経験的な尺度で測ろうとする。対応策は自らのりしろのある余裕を持った中身になるはずである。もし対策本部を離れどうしても現場に出向くのであれば、部下に指揮権限を譲ることや、財政的措置に関する責任も下方移譲することなども、あらかじめ決めておく必要がある（中澤幸介「熊本地震・被災首長9人が語った［任せて任せず］の教訓」『Wedge』2018年7月号）。

イ　行動の一貫性と積極的姿勢

リーダーシップの2つ目の要件は一貫性（Persistent）である。これは災害時には、ことに重要になる。大きな災害や事件に遭遇した首長は、さまざまな課題に対応しなければならない。首長が対応策について一定の方針を決めると、そこからブレてはならない。相当な事由がない限り、リーダーは決定した方針を終始一貫、忠実に実施することが求められる。そうでなければ、職員は混乱し首長は信頼性を失う。

首長に特化した事例ではないが、参考になるケースがある。政府は東日本大震災の際、首都圏で乳幼児を持つ家庭にペットボトルの利用を勧めた。首都圏の水道水は放射能で汚染された可能性が高いというのが、その理由である。この件が報道された直後、首都圏では多くの人びとがペットボトルを求めて奔走するという騒ぎになった。ペットボトルは、一時、首都圏のスーパーやコンビニの棚から完全に消え去る大事に発展した。なかには、飲料水を求めて首都圏から遠く離れた地域まで足を伸ばす人びともいた。ところが、やっとの思いで飲料水を手に入れたところ、政府は以前と異なる内容の説明を始めた。その中身は、政府はペットボトルの確保がむずかしい現状を考慮し、首都圏の水道水の使用を認めるというものであった。政府は乳幼児には当面、問題はないと身体への影響にも言及した。この発表には相当数の人びとが驚いたが、筆者もその1人であった。政府の発表は朝令暮改、これでは政治への信頼性は維持できないと思った。

自治体の長は、こうした事例から学んでおく必要がある。公表した方針は既定の通り推進する、それが首長の政治姿勢であり、行政の責任になる。政策方針が左右に振れると、まず部下が困る。部下の行動は、一層、ゆれ動いて不安定になること必定である。その被害を受けるのは、他でもない住民である。

3つ目は、積極的姿勢（Proactive）である。積極的姿勢は拙速とは異なる。違いは行動の結果にかかっている。拙速な行動は、行動を起こした後のシナリオがない。その場限りで、つぎの建設的な行動に連鎖しない。危機に臨んでリーダーに望まれるのは、先手必勝の姿勢を取ることであるが、行動を起こしたその先に発展性を秘めた展望が開かれていなければならない。既に触れたように、総務省消防庁は現在、首長を対象に災害対応能力の向上を目的とする研修を進めている。このプロジェクトに参加した経験者によると、研修は実践的で学ぶことの多い研修と好評である。研修では台風の襲来を想定しているが、台風が来ると豪雨や土砂災害の危険性が拡大する。危険な状況を前に、首長は住民に対し避難指示や避難勧告などの措置を取ることが迫られる。東日本大震災を経験したある首長は、台風の襲来を前に自身の震災経験から問題は出ないと判断し警報を出さなかったことがあった。実際には台風が地域を直撃し、首長はあわてて避難警報を発出するという失態を犯した。

これまでの経験によると、首長は危機情報を出すことに躊躇することがある。理由の1つは、情報を公表し住民に避難を呼びかけても災害が発生しない場合も多いからである。当然、警報は「カラ振り」に終わるが、そうなると住民から非難や不平が飛び出す。しかし、首長は失敗を恐れてはならない。危機に直面して首長に望まれるのは、最悪事態の発生を念頭に行動を起こすことである。「失敗を恐れるな、恐れるのは最悪事態の発生である」が、首長の行動を決める指針でなければならない。首長が決断に躊躇し事態が悪化すると、人命に関わる被害が出るかもしれない。それこそ、行政の責任者である首長として回避しなければならないシナリオである。災害対応に関して首長は、常に「Proactive」、積極的な姿勢を維持することが望まれる。総務省消防庁の首長研修では、首長にカラ振りを恐れないことを強調している。災害に直面した首長は対応策に消極的（Reactive）であってはならない。消極的な対応は災害では禁句である。先手必勝が首長のとるべき姿勢と考えられる。

ウ　ガマン力、診断書、説得力

首長に求められる4つ目の資質は、ガマン力（Perseverance）である。有能で優れたな首長でも、すべての事案を1人で処理することはできない。災害が発生した混乱状況では、特にそうである。首長は決断を必要とされる事案の相当部分を部下の判断に託さなければならない。災害規模が拡大し現地にも別の対策支所を置くことになると、本部は災害の前線基地に相当量の決済権を移譲する必要に迫られる。市長がマクロな視点から事故や災害を把握し、細部にわたる執行権限は現場に委ねる、それが自治体の災害対応の一般的な形である。ただ、意思決定が2カ所に分かれると、市長と現場の責任者との間にギャップが生まれる。市長が想定していなかった施策が、相談もなく現場で進められる場合もある。その結果、時として首長はイライラを募らせ、本部と現場との間に不信感の溝が生まれる。東日本大震災ではイライラが極限に達した首相は、自ら福島原発を視察し、直接、電力会社に出向くという行動を取った。これは、最高意思決定権者として取るべき行動であったか、今後にわたっても検証すべき課題である。指揮者が登場したため対策本部は混乱し、かえって対策の策定が遅れた可能性がある。ここは首長がガマンし、部下や現地の政策判断を信頼すべきでなかったかと思われる。

首長には沈着であることはもとより、部下を信頼し彼等が問題解決に取り組む時間的な余裕をあたえることが必要である。結果を冷静に待つ、このガマン力が結局は問題の解決を促進する結果につながる。首長のイライラを緩和する方法の1つは、首長が詰める対策本部と現場の双方に記録係を置くことである。記録係を置くことには2つのメリットがある。1つは、刻々と進む災害の対応策を時系列化して記録に残す。本部と現場はそれらの結果を数日毎に突き合わせ、首長と現場との間で微調整を図る。記録は責任者の失敗を糾弾するための資料ではない。記録された資料は、首長と現場との意思疎通を明確にし、両者に誤解や認識の違いがあれば、それらの行き違いを調整するためのデーターである。2つ目のメリットは、土砂災害などの場合、避難警報や避難指示の発出が遅れることがある。そのために災害の規模が拡大することが憂慮されるが、何故、警報や避難指示の発表が遅れたのか、その理由を、事後、検証すべきである。その際に重要な資料となるのがタイムライン化して残された記録である。過ちを確認し、それを将来に生かす、この点からも記録を残すことの意義はきわめて大きい（中邨章・幸田雅治（編著）『危機発生後の72時間』第一法規、2006年、2～12頁）。

5つ目の課題は、政策オプション（Prescriptive）である。推進してきた施策が行き詰まることがある。それまでの方針を変更しなければならない場面も出てくるが、そうした非常事態に備え首長には平時から代替策を提案できる態勢を準備しておく必要がある。代替案はすでに先行してきた対策を全面的に取り替えるものではない。従来の施策の欠点を精査し、それを補正する診断書の性格を持つものである。政策オプションは既定の方針を継続し、それを改善する内容を備えたものでなければならない。これまでの方策を破棄し、新しい方針で最初からやり直すという施策は、危機状況では避けるべきである。

阪神淡路大震災では、いろいろな国から緊急支援隊が現地入りし、災害救助に当たる場面があった。外国、ことにアメリカやヨーロッパからの支援隊については、いくつか予想外の問題が出てきた。その1つは、スイスの救援隊が持ち込んだセントバーナード犬であった。セントバーナード犬はアルプスなどで遭難事件が発生したとき、遭難者を捜索する手助けをする動物として有名である。神戸市では瓦礫の山に加え、その一部は火災による臭いなどで環境はスイスとは大きく異なっていた。そのため、山岳地帯の捜索に慣れた犬に地震災害の被災者を探索させることに無理があった。折角の支援ではあったが、セントバーナード犬は結局、被災者の救出には使えなかった。

そのことより、より大きな想定外の問題は外国からの救援隊に配る食事であった。当時、現場で対策に当たった中央省庁の職員K氏によると、日本をはじめアジア諸国では、災害救助に従事する救援隊は少なくとも当面の食事は3食、「にぎり飯」というのが定番である。ところが、ヨーロッパからの支援者には3食、冷めたおにぎりというのは耐えられなかったようである。最悪でもサンドイッチというのが彼等の食習慣である。筆者自身も冷めた駅弁を美味しそうに食べる日本人の習慣をいぶかったフランス人に出会った経験がある。多分に文化的格差によるが、ヨーロッパからの支援者の多くは、おにぎりが非常食というのはガマンできなかった模様である。これは日本側にとって予想外の問題であった。

たかがおにぎりとサンドイッチの違いとはいえ、想定外の問題であることに変わりがない。現場にいたK氏によると、問題が浮上してから対策本部は急遽、別の政策オプションを考える必要に迫られた。しかし、2つの問題が立ちはだかった。1つは、震災復旧の最中、神戸市内でサンドイッチを大量に供給できる場所がなかったことである。調達には大阪市に出かける必要があった。2つ目に、道路が崩落などの理由で寸断され、大阪まで陸路が不通になっていたことである。K氏等職員は熟慮の上、本部要員の宿泊施設として神戸に停泊していた海上自衛隊の護衛艦を大阪に派遣するという決断を下した。この計画にもとづき、やがて護衛艦は神戸から大阪に移動し、無事サンドイッチを調達することができた。

問題になった事案は、おにぎりかサンドイッチかそれほど大きな問題ではなかったかも知れない。しかし、危機状況における政策変更という観点からすると、この課題の示唆するところが少なくない。事例は既定の政策がいろいろな事情で行き詰まり、最早、機能しなくなったことを表している。政策担当者は、想定外の課題が表出したことに対応するため、別のオプションを創出する必要があった。考えたのは、既定の路線を全面的に改めることではなかった。ヨーロッパからの救援隊の存在と活動を所与としながら、問題をできるだけ軟着陸で解決する方法を見つけ出そうとした。神戸に停泊中の護衛艦を大阪に移動し、普段なら気にも留めないサンドイッチを確保に向かう、この選択肢はなかなかの妙案であったように思う。

最後に、指導者に求められる資質として説得力（Persuasion）を挙げておこう。首長はなにより弁舌が爽やかでなければならない。同時に、論理の一貫した話しができる能力を備える必要がある。それら2つの異なる資質を含むのが、ここでいう「説得力」である。立て板に水、よどみなく論理の一貫した話しができる、これは首長として最も重視される条件の1つである。敵であれ味方であれ、指導者は相手を論理で説得する力を蓄えなければならない。リーダーが説得力を増す方法は、客観的な統計資料を身につけ、それを援用する訓練を積むことである。

災害が発生した状況では、多くの関係者は心理的に不安定である。職員も被災住民も興奮し動揺するのが常である。そうした尋常でない状況のなか、首長は相手を落ち着かせ、冷静に会話ができる環境を作り出す必要がある。決め手は、数字とデータである。災害時には、職員、住民、ともに、何が起こったのか、何故、起こったか、将来はどうなるか、これら3つの設問に対する答を要求する。それら3つの課題に関して展望が開けないと、被災者の不安は増幅し動揺が昂じるとも考えられる。首長の責任は、3つの疑問に具体的な数字を挙げ、客観的なデータを示して職員や住民の不安に応えることである。

他のところでも指摘したように、被災者を前に「最善の努力をする」という空疎な弁明をくり返す限り事態は改善されない。結果はほぼ間違いなく予想とは異なる悪い方向に傾く。瞬く間に、首長批判が拡散するのは日の目を見るより明らかである。首長は数字や事例、それにデータを使い、「目に見える形」で住民に話しかけることが重要である。「データをして語らしめる」(Let's Data Speak for Themselves)と言われる。これが首長の説得力を高める秘策である。説得力を磨くためには、補佐役の力量が不可欠である。総務部長、市民部長、それに危機管理監などは、発災と同時に直ちにデータの収集を始める。それを整理した上、結果を間断なく首長に伝達する。この連携プレーがなければ、危機状況に際しての首長の説得力は向上しない。黒子に終始する補佐役であるが、それが優秀であるかどうかで、首長の評価は左右される。表には見えない重要な職責である。

これまで6つの「P」を説明してきた。最後に指導者とボスと通称される役職との違いを説明しておこう。部下をこき使い、最後は使い捨てにするのがボスである。指導者は、部下を育てることに精一杯の努力を重ねる。そのためにリーダーは部下の目線で事態を検討しようと試みる。一方、ボスは部下を叱咤し、糾弾することが平常化し、いつもイライラしている。不満や不平を表に出すのがボスである。ボスはまた、口は出すが自分自身では動かない上に、小回りが効かない。機能も緩慢という特色がある。反対にリーダーは自分が先頭に立つ。災害対応の最前線に位置するのが、リーダーの理想像である。率先垂範、リーダーには部下のモデルになることが求められる。また、聞く耳を持たないのもボスの特徴かも知れないが、それに反してリーダーは部下や住民の声に耳を傾ける、「傾聴力」に優れているという性格が強い。傾聴の後、それを実行に移す。評価の高い指導者は傾聴力と実行力を兼ね備えている。

2 首長の災害対応を阻む構造的問題

1 制度化を増す首長の災害対応訓練

日本各地でいろいろな災害が発生している。そのためかも知れない、首長だけに特化した災害対応訓練が増加する傾向にある。個人的な経験から言うと、これまで首長を対象にした災害訓練を組んでもほとんど人は集まらなかった。首長のスケジュールが過剰に立て込んでいるためである。それが災害の多発によって変化してきた。不測事態の対応に失敗すると、首長は住民から集中砲火を浴びる。反対に、それをうまく処理すると信頼性や知名度が上がる。災害対応は政治的にも重要な政策に変わってきている。災害対策は市長として最早、軽視できない政策課題に変わってきている。

災害が起こると自治体を率いる首長には、多くの権限があたえられている。避難について首長には避難準備、避難勧告、それに避難指示などを発出する権限がある。知事との連絡がつかない場合、緊急消防援助隊の出動を消防庁長官に要請するのも首長の仕事である。阪神淡路大震災を機に首長には、知事に対して自衛隊の災害支援のための出動を「要求」できる制度にも変わった。

災害対策に限って、地方議会にはほとんど権限が認められていない。災害対応については、従来から議会は部外者として「蚊帳の外」に置かれてきた。議会の関与がない分、首長の裁量次第で自治体の災害対応は大きく変動する。それほど、緊急時における首長の指導力は重要である。

2　自治体の災害対応と構造的課題

先にも触れたが、首長は自治体が今、次のような構造的問題に直面していることを認識しておく必要がある。1つは、地方公務員の数が減少を続けていることである。地方公務員の数は、1994（平成6）年に328万人を超えピークに達した。その後、毎年、右肩下がりで減少している。2017（平成29）年には274万人まで落ち込んでいるが、ことに土木関係の職員が縮小を重ねていることが注目される。多くの市町村では、技術職がここ10数年の間に2割以上減少した。5割以上の村でその数は0人になっている。約6割の町と9割の村で技術職員は5人未満である。

もう1つ、災害は頻発しているが、被災経験を持つ自治体職員の数は限られていることが憂慮される。復旧事業に関わった職員の数も少ない。過去10年間で復旧事業に関わったことがない自治体職員は23％、1年だけ復旧事業を経験した公務員は16％である。4割近い職員は災害の復旧事業にほとんど関与したことがないか、あっても1年程度、経験が浅いという結果になる。

災害が起こると、職員が住民の避難や誘導を行うと規定している自治体が多い。ところが、職員の多くは災害の未経験者である。職員の責任とされる住民の避難や誘導が、実際にうまく行くのかどうか、きわめて心許ないという感想を抱く。避難・誘導のための職員訓練のあり方を考え直さなければならない。再度、検討する必要のある問題である（防災に関する市町村支援方策に関する有識者懇談会「防災に関する市町村支援方策のあり方について―提言」２０１７年）。

3 緊急事態下の首長―集中する政策判断

首長には災害に備え、それに対応するいくつかのシナリオを想定しておくことが望まれる。その1つは、発災した際、首長が庁舎にいた場合である。もう1つは、庁舎を離れ外出中か出張中であった場合が考えられる。今回は首長が役所にいる間に災害が発生した事例を考えるが、不測事態が起こると首長は、大小様々、あらゆる案件について判断を求められる。平時であれば担当課の責任者が処理する案件でも、緊急時になると決裁のあり方が変わることがある。ほとんどが首長の決断を求める内容に変化するかもしれない。その理由は、職員数が定かでなくなるからである。職員の中にも被災する人びとが出る。発災当日、どれだけの数の職員が役所に参集できるか不明の部分が残る。

緊急時になると被害の大きい地域の住民から役所に救済支援の要請が続々と届く。これらの要望に対してどの程度の職員を派遣するか、首長には難しい判断が求められる。首長に多くの意思決定を求める事案が殺到するが、市長には状況が不安定の中、すべての課題に的確に判断する材料は乏しい。加えて、経験したこともない規模の災害である、当然、判断ミスを犯す可能性もある。事態が緊迫すればするだけ誤った決断を下す機会は増える。ミスを避けるため、決断を遅らせるという政策選択をすることがあるが、それが事態を一層、悪化させる。

混乱の中、首長には初めにどれだけの職員が事務を担当できるか、実数を掴む作業から始めなければならない。この作業を円滑に進めるために市長は平常時からＳＮＳを利用し活動可能な職員を把握するシステムを開発することが望まれる。大規模や中規模の自治体でもこうした仕組みを整備することは可能である。それが職員数が２００名以下の小規模の自治体になるとうまく行かないかもしれない。小規模自治体では、これ以外でも電子化の遅れが目立つ。職員数が分かれば、次は被災地域へどれだけの職員を派遣するか、それを判断しなければならない。ほとんどの職員が自治体の各地で発生した土砂災害の対応に庁舎を離れ、役所が空っぽになった事例がある。少ない職員をどう振り分け、災害にどう対応するか、首長は常日頃から意思決定に対する感度を上げておかなければならない。その方法の1つは、既に説明してきた図上訓練を重ねることである。

3 災害対策の「標準化」と首長の役割

1 災害対策の標準化と課題

最近、災害対策の「標準化」という課題に注目が集まる。内閣府は2013（平成25）年10月、「災害対策標準化検討会議」を立ち上げ、各地の自治体が同じような方策で災害に対応できる汎用性の高いマニュアルを考案しようとした。“One for All”の仕組みは、自治体が地域防災計画を作成する手間を大幅に軽減するはずと見込まれた。災害対応に関わるコストの削減や合理化にも役立つとも考えられた。恐らくそうした意図を持ってスタートを切ったプロジェクトであるが、会議は都合、5回開催され、結果は2014（平成26）年3月に報告書として公表されている。できあがった成果物を見ると、文書は会議に出たいろいろな意見を記録した貴重な文書という印象を受ける。しかし、自治体に災害対応の標準化を勧める資料としては、やや不十分という気がする。個人的な感想を言うなら、報告書はアメリカの連邦危機管理庁（FEMA）が開発した方法を多数、引用している。FEMAが案出してきた成果は参考になるところが多いが、それを日本に固有の新しいスタイルを備えた制度に改善できなかったのか、その点が残念に思う（内閣府（防災担当）「災害対策標準化検討会議・報告書」２０１４年）。

日本の自治体を念頭にした場合、災害対応を標準化するためには、なによりも既存の対策を整理し、その上で即応性や実効性を高めるために何が必要かを検討することが重要である。なかでも、災害に対して自治体はあらかじめ「何ができるか」、「何ができないか」を自己診断することが求められる。自治体にはどのような災害や事故が発生するか、それを予測し認識しておくことが肝要である。対象になる災害は限定しなければならない。国の防災基本計画は15に上る災害を取り上げている。雪害、海上災害、航空災害、火山災害、それに原子力災害など、多くの自治体には直接、関係しない対策も含まれる。すべての災害に対応しようとすると、自治体の応急力は分散し対応力は下がる。精査は直面する可能性の高い災害や事故を優先し、限定された災害につき対策方法を再検討すべきである。最近、水害や土砂崩れによる被害が多発している。これは自治体の防災対策では優先項目になる。指摘するまでもないが、危険性の高い場所を特定する作業を進め、災害発生の可能性を探るとともに、被害対策の準備を進めることが重要である。

2　自治体の災害対策――自己評価

それに続くステップは、自治体がそれぞれの長所と短所を自己評価することである。基本となるのは、財政と人材、それに機動性の3つの要件である。これらの指標をもとに、自治体は災害に「できること」

と「できないこと」をあらかじめ確認しておくことが望まれる。財源が不足している自治体があるかも知れない。災害が発生すると、自治体は国からの資金援助を待って行動を起こす場合もある。肝心なことは、手持ちの資金でどう災害に対応するか、それを平時から研究しておくことである。国からの補助金を当てに施策を進める安全運転は災害時には通用しない。首長は、発災時、「上を見ない」（Don't Look Up）という姿勢と保つことが重要である。日本では権限を持ちながら、それを行使するに当たって国や県の意向、それに他の自治体の動静を伺うクセを持つ首長がいる。首長は国や県からの指示を待たず、独自の判断でそれぞれの自治体の対策を決めるべきである。こうした決断力は経験の中から生まれる。それを養うため、首長が先頭を切って防災訓練を仕掛け、いろいろな局面に対応できる実務訓練を重ねることが望まれる。

資金力を知ること以外に、首長は職員の配置や専門技術についても目配りしておくことが必要である。既に指摘してきたが、地域防災計画では地震（震災）、台風、水害など、災害の種類を列記し、地震は防災課、台風は市民部、鳥インフルエンザは農林課など、既存の部署に振り分けるという方法を採用している。ところが、こうした機械的な配置体系はイザという時に役に立たない。地震が発生すると、対応は防災課だけの責務に限定されることが多い。他の部署の職員は関わることを嫌がるか、そうでなければ何をしていいのか分からず、ただ漫然と時間を過ごす場合もある。職員は機能別に分け、あらかじめ分担を決めておかなければならない。情報収集・伝達の担当、対策本部に詰めるグループ、住民への対応に専従するスタッフ、避難所の設営と運営に取りかかる職員など、平時から職員を機能別に分け、日頃から責任分担を明確にしておくことが望まれる。

3　首長に求められる職員の特性把握

自治体のリーダーは、職員の責任分担と守備範囲を決めておくこと以外に、スタッフの持つ専門的技術についても粗方の知識を持つことが必要である。自治体の多くは、行政職とは別に技術系の職員を採用している。土木や建築、それに機械、化学、農学などが技術職の1例である。現在、土木職が必要とされながら人手が足りないという問題が出ている。災害に見舞われると土木職の必要性が高まるが、自治体によってはその数が不足、あるいはいない場合もある。そうした事態を避けるため、自治体幹部は職員のなかにどれだけの技術系専門職がいるか、それらの職員にどのような能力が期待できるかをあらかじめ確認しておくことが必要である。他の自治体から一時的にしろ、土木系技術職員の派遣を受ける協定なども考慮すべきである。

機動力も注目しなければならない。震災に対応する準備はできているが、水害には弱点を残す自治体もある。それとは反対に水害対策は万全、しかし地震対応に自信がない自治体も存在する。課題や弱点を抱える団体は、近隣の自治体、国や県とあらかじめ連携策を模索しておくことが望まれる。自治体はすべての災害や事故に備えるだけの財力も人力も待ち合わせない。他の自治体との連携や協働など柔軟な対応姿勢を取ることが、自治体の災害対応では重視すべき対策になる。同じことは大規模火災などにも言える。

自治体消防のなかには化学消防車を保有するが、高性能のはしご車を持たないところもある。こうした状況が分かれば、近隣の自治体との連携を協議しお互いがカバーできる体制を作っておくことが好ましい。

自治体は災害対応の標準化を促進するに当たって、財源、人材、機動性など3つの側面から、それぞれの実力を計ることが重要である。「己を知る」ことによって、災害が発生した際、「何ができるか」と「何ができないか」かを探ることができる。自身の能力を認識することによって、自治体の災害対応の中身は充実し、効果の期待できる対策に成長する。

第6章

伊勢湾台風と災害対策基本法の誕生

1 伊勢湾台風からの教訓

1 伊勢湾台風が明らかにした災害対応の不備

日本で災害対応に関する最も重要な法制度は、1961（昭和36）年に策定された「災害対策基本法」である。これは、災害について国や自治体の責任を明確にし、同時にそれぞれの機関の機能や役割を幅広く規定する法律として位置づけられてきた。これまでの記録を辿ると、日本では大きな災害が起こると国は特定の災害や地域だけに適用される特別法を用意し、復旧や復興に当たるのが通例である。それに対して、災害対策基本法は災害対応の大枠を定める一般法としての位置づけを得ている。より具体的には、同法は災害対応に総合性を持たせること、計画化を進めること、それに大災害に対する体制を確立することを骨子としている。災害対策基本法はいろいろな紆余曲折を経て、1961（昭和36）年に成立しているが、直接のきっかけは1959（昭和34）年9月に三重県から愛知県にかけ大きな被害をもたらした台風15号である。

1959（昭和34）年9月26日、台風15号が紀伊半島を北上し伊勢湾の湾奥に当たる名古屋市に達した。午後6時過ぎのことであったが、この台風によって名古屋市を中心に5000人以上の人びとが命を落とした。後に「伊勢湾台風」と呼ばれる台風が大きな被害を残した理由の1つは、名古屋市の地形にあった。名古屋市で被害を生んだ地域は、元々、干拓地で一部を除いて低地であった。一帯は水面より低い日本最大のゼロ地帯と呼ばれてきたほどである。その場所に戦前から戦後にかけ間断なく開発が進んだ。居住者のほとんどは、長年、そこが災害に弱い低地であることを意識することなく過ごしてきた。行政も同様、それまで水害に対応する十分な対策を進めてこなかった。勢力のきわめて強い台風が襲来したのは、そうした問題を抱え災害に無防備な地域であった。台風は4メートル近い高潮を引き起こし、それが満潮時とぶつかったため、多数の住民が命を失う結果を生んだ（内閣府・中央防災会議・災害教訓の継承に関する専門委員会「1959 伊勢湾台風報告書」2008年。なお、伊勢湾台風に関連する記述について、本稿はこの報告書に負うところが大きい）。

2 台風災害からの教訓──都市開発

伊勢湾台風から学ぶべき点は多いが、その1つは都市開発のあり方である。地盤が軟弱な土地や埋め立て地に、住宅や商店街が際限なく発展することがある。伊勢湾台風では、それが大きな被害を生む原因を作ったが、東北大震災の場合においても、首都圏では埋め立て地に建てられた住宅が土地の液状化に見舞われ損壊するという事態になった。埋め立て地は一般的に災害に弱い、そのことを改めて認識させる出来事であった。一方、東北地方では海岸に隣接した地域に住宅や商業施設、それに倉庫などが軒を並べ、それらが想定を超える津波で流される被害が出た。多数の人命が失われたのは、そうした災害に対する抵抗力の弱い低地を中心にした。大船渡市を調査した際、津波が海岸から高台に遡上し、高地の直前で、突然、止まっているのを実見し驚いたことがある。津波被害をタッチの差で逃れた高台では、食堂が通常どおり営業するなど平時の生活が行われていた。被災地域の目を覆う状況とのコントラストがあまりにも鮮明で、災害が引き起こす不思議な力に改めて驚嘆した記憶がある。

これまでの経験でいうと、生活圏が規制なく平面的に広がると、そこに住む人びとは何時の間にか、生活する場所が災害に対して脆弱であることを忘れ勝ちになる。「以前の地震で津波はこなかった。今後も襲来することはなかろう」と、災害に対して根拠のない楽観的な思い込みが強くなる。これを「正常性バイアス」と呼ぶことがあるが、阪神地方では長い間、地震は起こらないと信じられてきた。それが証拠に関東大震災の後、陸軍参謀本部は首都移転の研究を始め、あたらしい首都の候補地として「地震のない」姫路市を選んだことがあった。東北大震災の場合でも、「正常性バイアス」が作動し2・5キロ近くにわたって築かれた高さ10メートルの堤防が地域を津波被害から守る守護神と信じられた例もある（日本経済新聞、2019年3月11日1頁）。

3　情報伝達と法制度の不備

都市開発以外にも、伊勢湾台風の場合、大惨事に対する政府や自治体の対応策は、発災直後と事後の両面にわたって様々な問題を抱えていた。1つは、住民への災害情報の伝達についてである。台風の事後調査は、気象庁も名古屋市もともに警報を出すタイミングを失していたことを明らかにしている。警戒情報が出た頃には、三重県と愛知県で既に大規模な停電が始まっていた。結果として、ラジオやテレビは機能不全、災害情報は住民に伝達されることはほとんどなかった（細田大造「伊勢湾台風と災害対策基本法の制定」、『消防防災の科学』２００９年秋号）。

伊勢湾台風は対応策などに関する法律の面でも不備があった。１９５０年代、災害に対応する法律は１５０件から２００件近くに上ったと言われる。災害救助法（１９４７年）、消防法（１９４８年）、水防法（１９４９年）、電波法（１９５０年）、道路法（１９５２年）、日本赤十字社法（１９５２年）、警察法（１９５４年）、自衛隊法（１９５４年）などが、その一例である。こうした法制度は、戦後の復興期という事情にもよるが、それぞれ必要に応じて策定されてきた。責任主体は別々に分かれ、相互に連携を欠いた態勢が続いてきた。そのため、伊勢湾台風のような大きな災害に当時の制度は十分、対応できなかった（前掲、細田、２００９年秋号）。これは後に１９６０年代に入って表面化する公害対策に通じるところがある。１９６７（昭和42）年に公害対策基本法が策定される以前、公害に関しては運河法（１９１３年）、工業水道法（１９５６年）、水道法（１９５７年）、河川法（１９６４年）など、いろいろな法律がそれぞれ別々に環境問題に対処する制度になっていた。しかし、公害対策は様々な法律を一つに束ね、包括的な姿勢で対応しなければならない難問であった。そうした体制作りのきっかけは、１９６７（昭和42）年に公害対策基本法が誕生したことによって生まれた。公害対策が中央省庁の縦割りや、自治体との間の溝を乗り越えナショナルな課題になるのは、その頃からである。公害対策はその後も紆余曲折を続けるが、この新法の制定から環境問題はようやく改善の方向に動き始めた。

同様に伊勢湾台風が襲来した当時、災害についての対策は区々とし、法制度は準備不足が続いた。そのため、愛知県や名古屋市はそれぞれ自前で、被災者へ食事や飲料水を提供し、避難所の設営などに力を割かなければならなかった。一時、政府機関や自治体との連携がうまく行かず、政府は9月30日に「中部日本災害対策本部」という名称の総合調整機関を設置した。それを災害対応の基軸機関に据えることにしたが、これも一時しのぎの策に過ぎなかった。そのあたりの問題について、当時、法制局長官を務めた林修三氏はつぎのように表現している。

災害が起こったあとの救助措置については、災害救助法が一応体系的に規定を設けており、（中略）災害に対する応急の措置としては、一応のことができることになっているといえるように思われる（ママ）。ただ、ここで問題となるのは、これらのいろいろな法律に分散している各規定を総合的に調整し、実施運営する体制に欠けるところがあるのではないか、各行政機関や地方公共団体がバラバラにそれぞれの所管の法律を実施するために、折角、災害救助法などには、前掲したとおり相当強力な規定が定められているにもかかわらず、それが規定されたどおりの実効をあげ得ないうらみがあるのではないかということである。こういう点が、今度の伊勢湾台風の経験に徴し、いろいろ問題になっているようである（林修三「災害立法整備の問題点」、『ジュリスト』No.192、2―6頁、1959年）。

林長官の残した文章の行間から、政府が伊勢湾台風による災害対応に苦慮している様子を伺い知ることができるが、法制度に不備があったこととは別に財政措置についてもいくつか課題が残った。林長官の説明に従うと、１９５３（昭和28）年は「西日本水害」など災害が多い年になった。それらの問題を受けて開かれた国会では、合わせて26件の災害特別立法が内閣案として審議にかけられた。それらは一般に「助成立法」と呼ばれる法案であったが、ほとんどは災害復旧に要する経費、あるいは、施設改善のための予算について、国庫の負担率や補助率に特例を認めようとするものであった。26件に及ぶ内閣提出の法案（閣法）は、ほとんどが災害復旧に関して例外を認め、被災自治体の復旧や復興事業に資金援助を保証することを目的にしていた（前掲、林、２頁）。ところが、法案が制度化され実施に移されてみると、被害額の見積もりや処理費用の単価が省庁によって異なり統一が取れていないことが明らかになった。被災自治体のなかには、国からの財政支援を確保するため東京に日参するところも出てきた。その具体的事例が名古屋市であるが、同市の場合には激甚地の指定を受けるため、１９５９（昭和34）年の10月30日から11月5日まで職員を東京に派遣し、各省庁への陳情をすることを余儀なくされた（前掲、細田、２００９秋号）。この例は財政支援の面でも、国の被災地を支援する態勢は省庁間、並びに自治体間で異なり調整を必要とする混乱した状況にあったことを示している。

2 災害対策基本法の誕生

1 災害対策基本法の誕生と性格

伊勢湾台風を機に防災政策全般に問題の多いことが明らかになると、政府は自治省を中心に「災害対策基本法」の原案を編み出す作業に着手し、それを1960（昭和35）年5月26日の第38通常国会に提出した。ところが、当時、国会は60年安保で騒然とし、デモ隊が国会敷地内に乱入するなどの騒ぎが起こった。そのため、6月7日に至って原案は継続審議に決まり、その後、会期などの問題から廃案になった。同法は翌1961（昭和36）年9月開催の臨時会に再度、上程され、微調整の上、10月にようやく可決、成立した（風間規男「災害対策基本法の制定—防災政策ネットワークの形成」『近畿大学法学』50巻2号、2002年。なお、災害対策基本法の成立過程に関して、本稿は風間論文に負うところが大きい）。

既に指摘したように、災害対策基本法はいくつかの基本的構想を元に創られている。1つは、それまでの災害対策が中心軸を持たず、関係する機関が連携のないままバランスを欠いた体制で進んできたことである。基本法には、それを新しくする狙いがあったが、そのため、同法は責任主体を明確にし、それぞれに特定の機能を担わせることに決めた。責任主体を重視する対策基本法では、国、都道府県、自治体の他、指定公共機関と呼ばれるNHKや日本赤十字社、それに電気やガス、交通機関などの公益企業、さらには住民などを防災対策に直接、関係する主体と規定している。その上で、それぞれが果たすべき責務を明らかにしているが、注目されるのは住民に関しても責任規定を設けていることである。基本法は、住民は災害に関して自助の姿勢を保つこと、並びに防災活動などへの参加を責務にすることを定めている。

2 災害対策における総合性と整合性

災害対策基本法にはもう1つ、総合性と整合性にアクセントを置くという特徴がある。それを表すのが防災会議の設置条項である。同法は国レベルに中央防災会議を設置し、都道府県と市町村にも同じような地方防災会議を設けることを規定している。この制度は中央防災会議を頂点に、それに都道府県と市町村の地方防災会議がピラミッド状に連なるという形式を取っている。中央防災会議には、関係する行政機関に資料の提出を求めること、意見聴取ができることの外、協力要請や、自治体に対して勧告・指示ができる権限などがあたえられている。ただ、中央防災会議の決定に自治体など行政機関が従わなければならないというルールはない（前掲、風間、42頁２００２年）。この点は、災害対策基本法が創られる前後から問題視されてきた論点である。同法が策定される以前、内閣法制局長官であった前出の林修三氏は災害などの緊急事態が発生した場合、中央政府は担当大臣を軸に自治体を指揮監督し、国と自治体が一丸となって難問に対応する集権体制が必要であると説いたことがある。

しかし、中央政府を中心に災害対応を進める仕組みに賛成する意見は、阪神淡路大震災までほとんどなかった。革新自治体が大きな政治勢力になった60年代終わりから70年代の初めにかけ、自衛隊の災害出動に敏感な自治体もあった。戦前の戒厳令やクーデターの経験から、災害対応での政府の役割は最小限に抑えることを主張する首長も少なからずいた。阪神淡路大震災の際、自衛隊の出動が遅れたと言われるが、その理由の1つは出動に反対する地方政治の事情によるという見方が語り継がれる。政府機関のなかでも自治省などは他の省庁とは異なり、防災対策の意思決定は、市町村の防災会議から都道府県、それに中央政府の会議にボトムアップに進展することを期待していた（前掲、風間、57頁、2002年）。阪神淡路大震災以後に続いた大災害、それに地方政治の変化などが作用し、最近では中央防災会議と地方に創られる防災会議が意見や見解の相違などで対立することはほとんどない。いくつかの大災害を通して、両者の関係はお互いが理解と譲歩を重ね、連携と協力の下で危機状況に対応する場面が一般化している。

3　中央防災会議とＦＥＭＡ

災害対策基本法が重視する中央防災会議は、総理大臣を筆頭に全閣僚が名前を連ねるフルキャストの体制を取る。その他、日本赤十字社やＮＨＫなど指定公共機関の代表者、それに学識経験者が構成員になる仕組みである。中央防災会議には特定の課題を検討する専門委員会が創られている。「災害時の避難」、「東南海・南海地震」、「大規模水害対策」、「災害教訓の継承」などが、その一例に当たる。東北大震災を機にそれまで設置されてきた専門委員会をまとめる組織として、２０１１（平成23）年に「防災対策推進検討会議」が設置された。この会議はその翌年、最終報告をまとめて解散し、2年後、2013(平成25)年には、代わって「防災対策実行会議」が編成された。この会議には、各省庁が進める防災対策の後押しをすること、それに省庁横断的な課題を議論する場としての役割が期待されている。中央防災会議には専門部会の内部に作業部会(ワーキング・グループ)を置き特定の課題につき専門的な見地から検討を進める制度を敷いている。専門部会、それにワーキング・グループから出てきた見解や論議を内閣府(防災担当)が素案にまとめ、それを中央防災会議の審議にかけるのが、防災体制に関する政府の意思決定プロセスである。

ワーキング・グループの1つに参加した個人的経験からいうと、この会合に登場する論議には、アメリカのFEMA(連邦危機管理庁)を参考にした事例が多用されるという印象を受けた。FEMAに関してはアメリカ国内では批判が絶えない。その役割は大幅に改定され、機能は縮小傾向を続けている。たまたま筆者が加わったグループだけの問題かもしれない、FEMAの手法を日本に輸入しようとする意見がしばしば登場した。そうでなければ、アメリカの軍隊が使用する用語をカタカナに置き換え、それを防災対策の基本部分に取り込もうとする試みも見られた。極端な例ではあるが、ある県の代表者がワーキング・グループで県の防災対応を紹介したことがあった。県の防災対策として出てきた参考資料の大半は、アメリカ軍が使う英語表記をそのままタテ書きのカタカナに変えたものであった。ネオ・セントリック・オペレーション、アセスメント・ロールアップ、ミッション・マネジャーなど、アメリカの事例を引用する方法にどれだけの意味があるのか疑問を持つことがあった。もとよりFEMAなどの蓄積から多くを学びとらなければならないが、日本の危機対策は一般に英語表現をカタカナに置き換えて使用する悪いクセがあるように思う。防災対策で最も重要なことは、施策を誰にでも分かる中身に昇華することである。ユーザー・インターフェースなどの表現は、ほとんどの人に理解できない。そうした表現を多用する危機管理策にどれほどの価値があるのか、安直な方法と残念に思った経験がある。

3 防災基本計画と地域防災

1 防災基本計画―計画による統制と整合性の確保

災害対策基本法は、計画性を重視するという特色を備えている。この制度が法定されるまで、国の防災対策に計画と呼ばれる発想を持ち込む試みはほとんどなかった。災害対策基本法は計画によって中央省庁間での調整を進め、同時に中央政府と自治体との関係に整合性を持たせようとしている。その点で画期的とも言えるが、この先の論点が示すように計画による整合性の確保という命題は実際には難しい課題を抱える。想定されたほどの効果を生んでいないのが現状である。災害対策基本法によって国は防災基本計画を策定し、それに準拠する形で都道府県と市町村は地域防災計画を創る決まりである。ところが、各地で策定される地域防災計画はいずれも膨大な量に及ぶ。規模の小さい自治体でも、地域防災計画は広辞苑に似た辞書ほどの厚さになるのが通例である。批判を受けるのを承知で単純化して言うと、自治体の地域防災計画は労力や時間がかかる割には実効性が乏しい。計画のための計画ではないかとも疑いたくなる。稼働性の少ない地域防災計画を作成することにどれほどの意味があるのか、検証する時期がきているような気がする。

計画行政の担い手は中央防災会議である。中央防災会議は防災基本計画を創るが、内閣府の説明によると防災基本計画は国の災害対策の根幹をなす施策である。中央防災会議が作成する計画は、防災分野では国内で最上位の計画になる。その中身は、防災体制の確立や防災事業の促進、それに災害復興の適切化や防災に関する科学技術の研究などについて、基本的な方針を示すことにある。後述の通り、この計画にもとづき指定行政機関や指定公共機関は防災業務計画を、地方公共団体は地域防災計画を作成する決まりである。

2 続く計画の肥大化

防災基本計画は、大きく3つの部分から構成される。第1編は総則である。ここでは基本理念と施策の概要が記述される。第2編は「各災害に共通する対策」として、災害予防、応急施策、復旧・復興の3つの枠組みが描かれる。それに続く第3編では、地震や津波、風水害や火山などの自然災害、それに海上災害や航空災害などの事故災害が具体的な事例として取り上げられる。それら都合、15種類の災害や事故は章別に組み立てられ、各々について予防、応急対応、それに復旧・復興の観点から対応策が示唆される。

防災基本計画が初めて創られたのは、1963（昭和38）年のことである。当時、この文書はコンパクトに13頁にまとめられていた。以後、大災害が発生する度に計画はくり返し改定され、2018（平成30）年版になると頁数は308頁にまで増加している（Bousai Tech, 2017/12/8）。大災害の発生に合わせ改定が続けられてきた防災基本計画は、内容の一部に重複などの問題が見られるため、内閣府は新旧表などを公表して訂正を行い、抜本的な改定も実施してきた。そうした努力は続けられているが、今後、計画の全体量を減らす工夫が必要ではないかと思う。将来的には防災基本計画の本文は、より簡便で実践に即した中身にすることが望まれる。そうなると、地域防災計画の策定を担う自治体職員の労働力と時間の負荷は相当、軽減されるはずである。

3「地域防災計画の作成の基準」

災害対策基本法の規定に従い、中央の各省庁と指定公共機関は防災業務計画、地方自治体は地域防災計画を創らなければならない。それらの中身を決めるのは先述の防災基本計画である。焦点を自治体に絞ると、防災基本計画の第1編、第5章は、地方自治体が作成する「地域防災計画」について重視すべき項目を示している。全部で8項目になるが、(1)大規模な広域災害に備えた即応力の強化、(2)被災地への物資供

図表６・１　内閣府　防災情報のページ

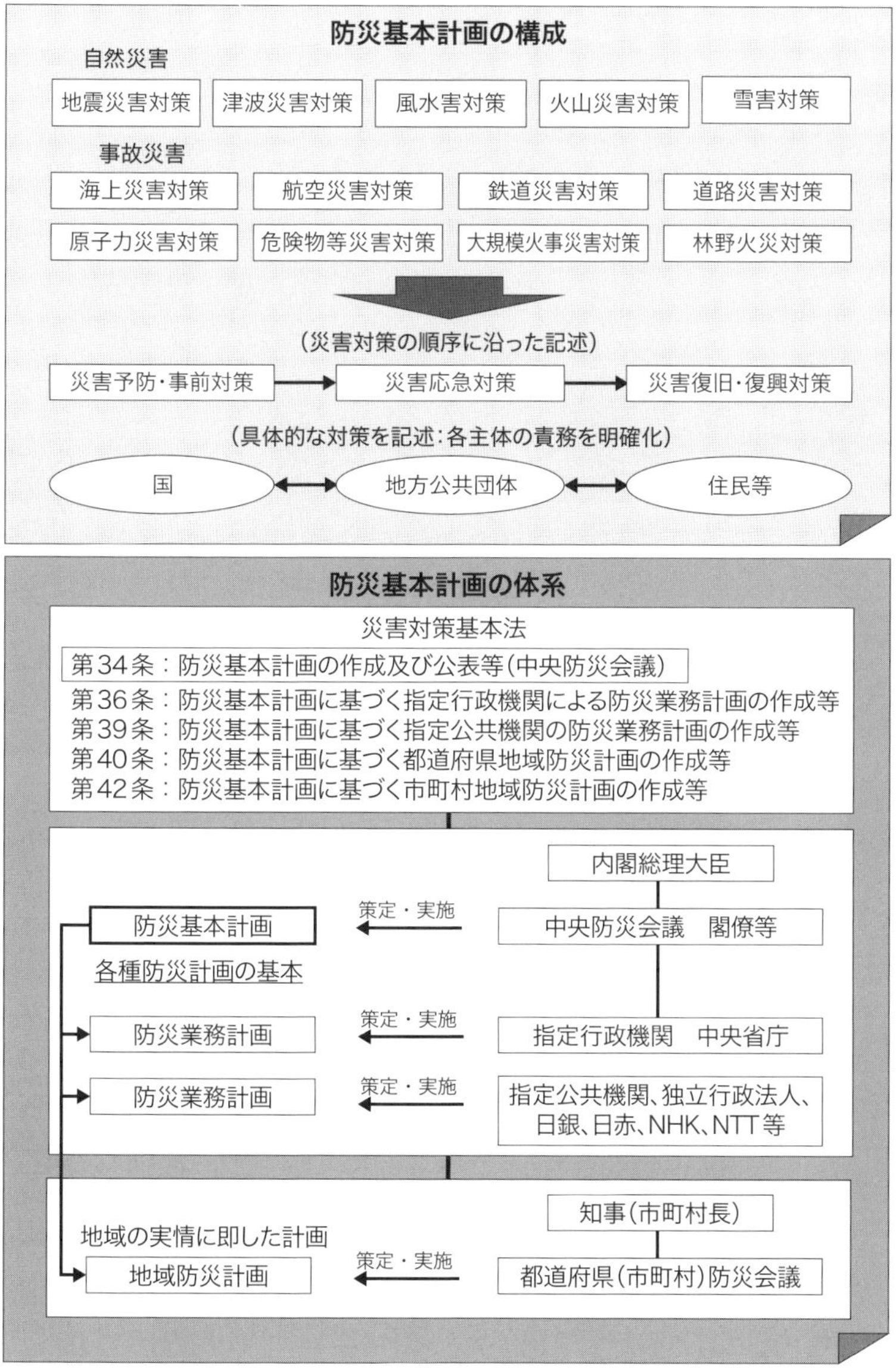

出典：内閣府「防災情報のページ・みんなで減災、防災計画」2017年　www.bousai.go.jp

給、(3)住民避難、(4)避難生活と生活再建、(5)自治体、事業者、住民の連携強化、(6)復興、(7)津波災害、(8)原子力災害対策の充実などが、それらの中身になる。内閣府は重点項目を義務規定ではなく努力目標と位置づけ、達成年限についても期限は設けていない。

問題は、内閣府の要綱とは別に、いくつかの政府機関が別途、同様の指針を発表してきたことである。その内の1つは国土交通省である。同省は災害対策基本法36条11項の規定に従い防災業務計画を作成している。その16編は、「地域防災計画の作成の基準」と題するガイドラインである。つまり、現行の仕組みでは、地方自治体は(1)内閣府が所管する防災基本計画にもとづく方針と、(2)国土交通省の防災業務計画が定める基準、少なくともこの2つの指針に従って地域防災計画を創らなければならない。問題は国土交通省が設ける基準は項目が多い上、内容が多岐にわたることである。しかも、それぞれの規定には細かい説明がつく。参考までに、「第1章　災害予防に関する事項」の第1節、「災害に強い地域づくりに関する事項」に付せられた説明文の一部を以下、紹介する。

○　都市の防災構造化対策の計画的推進を図るため、都市防災に関する方針の都市計画への位置づけに配慮するとともに、避難場所、避難路、延焼遮断帯等都市の骨格的な防災施設の整備に関する事項、防災上危険な密集市街地の整備に関する事項等を主な内容とする「防災都市づくり計画」と定めること。「防災都市づくり計画」は、消防防災部局、都市計画部局等関係部局間の連携を密に図るとともに、災害危険度判定調査等を実施し、客観的でわかりやすいデーターに基づき、市民の理解と協力を得て策定すること。

○広域避難場所、一次避難場所、避難路、延焼遮断帯、広域防災拠点、地域防災拠点の機能を有する都市公園等について、防災公園等として適切な位置づけを行うとともに、他施設との連携・機能分担を図った系統的かつ計画的な配置と整備の推進について定めること。

○また、都市公園等の都市基盤施設と一体となった各種公共・公益施設の集中立地等による地域の防災活動拠点の整備、市街地の防災向上のための緑地・オープンスペース等の整備の推進について定めること。

（以下略）。

○で始まる説明が、各節に延々と続く。それらの項目を眺めて、これほど詳細にわたる指針を出す必要があるのかという疑問が湧く。これらを横目にしながら地域防災計画を策定する自治体関係者が、アタマを抱えている様子が目に浮かぶ思いがする。国交省が自治体に対して、多数の重要項目を挙げそれぞれに詳細な説明を付すのは、同省が自治体職員の力量に不安を抱くからではないかと疑いたくなる。あるいは、詳細な指示は自治体が進める地域防災計画の策定作業を幾分でも援助しようとする善意の表れかも知れない。その辺りの動機は定かでないが、いずれにしろ国土交通省のガイドラインの幅と量には、正直、驚かざるを得ない。

4 地域防災計画の内容と課題

1 地域防災計画の概容

災害対策基本法は、都道府県と市町村に置かれる防災会議が、地域防災計画を創ることを義務付けている（法40、42条）。この義務規定に従い、47都道府県、１７４１市町村が地域防災計画を策定している。当然のことであるが、都道府県と市町村が創る地域防災計画は、国が指示する基準に準じて作成されてきた。地域防災計画の構成は、全体がいくつかの「編」に分けられ、それがさらに「節」や「部」に細分されるのが一般的である。内閣府の資料を参考にすると、都道府県の場合、地域防災計画は「共通・一般災害」、「地震」、「津波」、それに「風水害」と「原子力」などを「編」の大項目として取り上げ、それらの項目は予防、応急、復旧・復興の３つの視点から対策が説明される。課題の取り上げ方は３：６：１の割合になるが、都道府県が創る地域防災計画では一般的に予防より応急対策が重視される傾向が認められる（内閣府、平成25年12月４日「防災計画について」http://www.bousai.go.jp/kaigirep/kentokai/kihonkeikaku_arikata/01/pdf/shiryo2.pdf)。

都道府県が策定する地域防災計画は、平均、７６４頁になる。これは計画が国の基準をモデルにしているためと思われるが、自然災害と災害事故を取り上げ、それらを順次、予防、応急、復旧と復興の３つの項目から対応策を記述すると、分量が膨張するのは当然のことである（前掲、内閣府、31−32頁）。ちなみに、いくつかの市が策定した地域防災計画を検討すると、体裁はほぼ国のガイドラインや都道府県が創る地域防災計画に準じた構成をとっている。しかし、計画の分量にはバラツキが見られる。７００頁から８００頁の分量になるところが多いが、長野県のある10万人都市の地域防災計画は１８００頁を超える量になる。これは風水害、震災、火山に対する対策以外に、資料と文書の様式など様々な付属文書が大量に付されているためである。

2 課題を抱える地域防災計画

これまで参考にしてきた地域防災計画は、いずれも相当な時間と努力が重ねられた「労作」である。自治体担当者が費やした労苦の成果ということもできる。ただ、単純な疑問として膨大な量に及ぶ文書が本当に必要なのか、何故、必要かということに関して首をかしげざると得ない。災害対策に必要な項目を列記した地域防災計画を読了するためには、相当な時間とエネルギーが必要である。簡単に持ち運びもできず、関心を持つ部分だけを参考にする資料になり勝ちになる。地域防災計画に関しては、従来から読まれない文書という批判があった。たしかに、都道府県や市町村が創る地域防災計画は一般的に分量が多い。その上、総花的であるため、読んでも意味がよくつかめない。その理由は、必要と思われる事項が並べられるだけで、実践的な中身が乏しいからである。地域防災計画は、各部署から寄せ集めた文書を整理せず、機械的に一冊にまとめた資料という冷めた見方も出ている。

さらに言うと、従来の自治体が策定した地域防災計画は、不測事態が発生すると災害の覚知、情報収集、対策本部の立ち上げから避難誘導、食糧確保など、災害対応に必要とされる対策は、1つの自治体ですべて処理する、あるいは、できるという前提に立ってきた。そのため、地域防災計画はいろいろな災害を想定し、それぞれについて予防、応急、復旧・復興の3点から対策を練るという形式を踏んできている。そのために計画は肥大化した文書になるが、どれほど周到な準備をしても災害はシナリオ通りに発生することはない。災害は想定外の形を取って起こるために危機と呼ばれる。予想した通りに災害や事故が起これば、それらは最早、危機とは呼ばない。これまでの例から言うと、予測できる危機は台風などに限られる。もしそうであるなら、地域防災計画が各種の災害を列挙し、それぞれについて準備と対策を掲載する方法には問題があるように思う。

3 自己完結性の計画と災害

その他にも地域防災計画には難点が残る。1つは、従来の計画はすべての機関が正常に稼働していることを前提にしている。東北の大災害では大槌町のように首長や幹部職員が多数、殉職するという悲劇的な事例が出た。陸前高田市では多くの職員が市庁舎で執務中に被害に遭うという事態も発生している。地域防災計画が前提としてきた稼働する自治体という条件は、東北大震災の場合、残念ながら成り立たなかった。また、そもそも自身が甚大な被害を受ける状況で、自治体が自己完結的に災害に対応するという方法にも限界が見られた。将来に関しては、隣接する複数の自治体が行政領域を越え、場合によっては企業も巻き込んだ協働型で危機に立ち向かう制度の構築が求められる。ただ、こうした発想も現在のところ紙上の戦略に止まっている。都道府県の事例になるが、行政区域の全部、または一部について、府県を横断する相互間地域防災計画を創ることができる制度がある。ただし、それを実施に移した事例はまだない。行政領域をまたぐ防災計画ができるのは、まだまだ先のことになる。

もし、現行の地域防災計画にメリットがあるとすれば、逆説的であるがそれは自治体職員が資料集めに使う時間と手間に関わっている。一見、機械的と思われる作業には職員の防災に対する意識をよみがえらせる教育的効果がある。自治体職員を対象にした研修会で、地域防災計画に否定的な見方を紹介したことがある。これに対して、受講した職員のなかから、計画づくりの作業は防災に関する知識の整理に役立つという意見が出た。大量に及ぶ資料を集めて整理し編纂を進める、この時間と手間のかかる作業が重要という見方があった。自治体職員が創る地域防災計画は、職員への教育的な効果という意味から評価される文書なのかも知れない。ただ、それが広く読まれない、ほとんど使われないでは意味がない。

そうした現実を念頭に、地域防災計画の改善策を考えると、どうやら2つの方法があるように思う。1つは、災害対応にアメリカの連邦危機管理庁（ＦＥＭＡ）が案出した“All Hazards Approach”（全災害対応型）の考え方を取り入れることも考えられる。この方策では、災害毎にマニュアルを創る従来の方法をやめることが基本になる。それに代えて、発生が予想される災害や事故を念頭にしながら、地方自治体は、それぞれが備える力量を認識し、利点と欠点を問い直す。財源や人材、それに機動力など現在の保有する力でどれだけの災害に対応できるか、それを最初に考えるのが「全災害対応型」の要点になる。場合によっては、震災に対応する準備はあるが、水害には弱点が残る自治体もある。その際には、水害への備えを充実するため、近隣の自治体、国や県とあらかじめ連携策を模索する必要がある。こうした柔軟な姿勢を取らない限り、自治体はすべての災害や事故に備えるだけの財力も人力も待ち合わせない。全災害対応型では「己を知る」ことが、なによりも重視される。自身の能力を認識して災害対応は、初めて中身の充実した施策に成長する。内閣府はそれを災害対応の「標準化」と呼んでいるが、この方法が完成するとこれまで地域防災計画が実施してきた災害を列記し、個別に対応策を記述するという方式は後景に追いやられる。計画の紙数は削減され、地域防災計画は読みやすく、理解と利用度が上昇する文書に変わるかも知れない。

もう1つは、地域防災計画に付属するアクション・プランを別個に作成し、地域防災計画に欠けていた実務性を補完することである。それを自治体の「業務継続計画」（BCP）と呼んでいるが、BCPは機動性の乏しい地域防災計画の欠点を補い、災害対応を実践型に変えるマニュアルである。BCPに載せるのは、実務に直結した具体的な災害対応策に限られる。その中には、⑴不測事態の発生に対応する情報収集の方法と情報発信や情報伝達、⑵それぞれの自治体が抱える財源や人材などの利点と不足点の確認、⑶指揮命令系統の明確化、⑷災害対策本部の設置と代替案の検討、⑷受援力向上のための手段、⑸NPOなど中間支援組織との連携、⑹住民安否の確認と避難方法、ならびに避難所の運営などを最低要件として加味する必要がある。

5 業務継続計画（ＢＣＰ）と自治体の危機管理

1 業務継続計画への関心

東日本大震災を経験して、ＢＣＰ（Business Continuity Plan）という表現を目にする機会が増えた。これはもともとビジネス界で使われてきた「事業継続計画」と訳される概念である。災害や事故などの発生で企業のなかには営業の中断を余儀なくされることがある。それをどう防ぐか、あるいは、どれだけ早く事業を再開するかなどをまとめた文書が事業継続計画である。今回の震災では、大手コンビニエンス・ストアのなかに、発災直後から東北の被災地に商品を届けることに腐心し、震災発生から2日後にはトラックの荷台を使って営業をはじめた企業もあった。

政府や自治体についても、以前からこれに似た計画を策定することが推奨されてきた。すでに、２００７（平成19）年には内閣府が、首都直下地震への対応を念頭に中央省庁向けの業務継続計画を作るガイドラインを発表している。自治体については、２０１０（平成22）年に同じ内閣府が「地震発生時における地方公共団体の業務継続の手引きとその解説」を公表してきた。自治体など行政機関のＢＣＰは、事業継続と異なり「業務継続計画」という表現が使われている。企業の場合、ＢＣＰは既定の営業を再開することが計画の中心になる。営業をできるだけ早期に復元しないと顧客を失う。市場シェアは落ちこみ、悪くすると倒産の可能性も高まる。民間企業がこれまでBCPに関心を寄せてきたのは、それが利益や営業活動など企業の生殺与奪に直結する重要事案と見込まれてきたからである。

2 危機に弱い行政と業務継続計画

自治体は組織の目的からして企業とは基本的に異なる。指摘するまでもなく、自治体は利益や市場占有率などとは、ほとんど無縁である。自治体の業務継続は広く一般の住民を対象にしている。自治体に関しては、住民の生命と財産を守ることがBCPの最重要課題になる。こうした違いを念頭に置くアメリカでは、行政のための計画をCOOP（Continuity of Operation）と呼んでいる。しかし、BCPについてなじみが薄い日本で、行政に関してさらにアメリカ流の表現を導入すると混乱が起きる。そのためかも知れない、日本では企業向けの表現であったBCPがそのまま自治体の業務継続計画として用いられるようになった。同じ表現ではあるが、自治体の場合、その中身は民間とは異なることはくり返し指摘しておかなければならない。

もともと、自治体など行政機関は危機に対して脆弱である。自治体にとって一番の責務は住民に対して定められた規定に従い、粛々とサービスを提供することにある。ルールや規則からはずれた例外や、突発的な異例を想定しないのが行政機関の特色である。その結果、想定を超える不測事態の発生に自治体は準備が整っていない場合が多い。平静時であれば、例外や異例に関して他の団体を横目でにらんで「ヨコ並び」という方策をとるか、先例を踏襲することもできる。緊急事態では他の自治体や先例を参考にするという方法は使えない。自治体は不測事態が発生した場合に柔軟性に欠けると言われるが、これは利益と関係なく、住民への奉仕を法治を基本に進める自治体では致し方のないことである。

そうは言いながら、災害や事故が発生すると責任は首長や自治体職員に課せられる。少しでも危機への対応が遅れると、多数のクレーマーが束になって自治体攻撃をはじめる。「わたしの住む自治体は、危機管理ではなにもしない」というのは、住民の間からしばしば漏れる行政批判の常套句である。そうした自治体行政の欠陥を一部でも補填しようとするのが業務継続計画である。これは、災害対策基本法で義務づけられた地域防災計画とは性格が異なる。地域防災計画は、自治体が災害や事故に対して取り組むべき施策の総論をまとめた文書である。これに対して業務継続計画は、自治体が非常事態の発生時に優先して進めるべき各種の施策を時系列的に具体化した各論である。地域防災計画を稼働させるアクション・プランということができる。

3 「市町村のための業務継続計画作成ガイドライン」

２０１５（平成27）年に内閣府（防災担当）は、「市町村のための業務継続計画作成ガイドライン」を公表している。自治体のＢＣＰ策定を促進するための措置と考えられるが、この指針ではとりわけ６つの項目が重視される。それらは、自治体が作る計画に必ず盛り込むべき項目である。以下がその中身になる。

(1) 首長が不在の場合に備え、明確な代行順位を決めておくこと。職員の参集体制を準備すること。
(2) 本庁舎が使用できなくなった事態を想定し、代わりの庁舎をあらかじめ特定しておくこと。
(3) 電気、水、食料などを確保すること。
(4) 災害時につながりやすい多様な通信手段を確保すること。
(5) 重要な行政データのバックアップをとること。
(6) 非常時の業務の優先順位を整理しておくこと。

〈内閣府〈防災担当〉「市町村のための業務継続計画作成ガイドライン～業務継続に必須な6要素を核とした計画～」2015年〉

首長不在の場合に代行者を決めておくことが重要というのは、既にいろいろな災害の経験を通して知られてきている。通常、災害の発生に際して市町村長には、一刻も早く本庁舎に駆けつけることが求められる。情報を集め状況を判断した上、首長は災害に対応する体制づくりを進めなければならない。同時に、対応策が目指す目標やその具体的な中身を決めるのも首長の責任である。こうした重責を担うはずの首長が、地元を離れ訪問先で災害の発生を知る場合がある。こうした不測事態の発生を予測し、首長は日頃から地元自治体との連絡が取れる仕組みを作っておかなければならない。携帯電話の持参は当然のことであるが、日直者など地元の責任者から首長に直接、電話がかかる特設番号を用意することも必要である。

日本防火・危機管理促進協会が2017（平成29）年に実施した調査は、被災経験の有無が災害対策の準備にどの程度、影響を及ぼすかを調べている。そのなかで「上長への連絡」を問うた設問があるが、非常時にはあらかじめ決められた担当者（役職名）に連絡をすると回答したのは、「被災経験あり」で44・3％、「被災経験なし」では41・9％になった。特定の上司ではなく「連絡する担当課（班）」を決めているところは、被災経験ありでは46・2％、被災経験なしで47・8％である。9割近い自治体では、不測事態が起こると日直者などが上長、ないしは担当課に連絡をとる制度を設けている。担当者を設定していない団体、上長への連絡を業務としていない自治体は5％以下に止まる（日本防火・危機管理促進協会「地方自治体における災害対応経験の継承に関する調査研究―自治体規模と被災経験が災害対応準備に与える影響」2017年）。連絡を受けた上長が首長でない場合もある。災害や危機管理の担当者が日直者から連絡を受けた場合、届いたメッセージを首長に遺漏なく伝達する制度の構築を忘れるべきでない。

この逆バージョンも考えなければならない。出張先から首長が災害対応の責任代行を地元自治体の職員に依頼するパターンである。過去には首長が電話で部下に代行を依頼した事例もあるが、これは混乱や誤解を生みやすい安易な方法である。避けるべき手法と考えられる。メールやLINE、Twitterなど記録が残る方法で連絡をとるべきである。首長は不在に備え災害対応の指揮権を代行する順位を事前に決めておく。特別職の副市長が代行するのが一般的と考えられるが、危機管理監や消防本部長など専門職が首長に代わって指揮を執るという選択肢もある（総務省・消防庁「市町村長による危機管理の要諦―初動体制を中心として」2014年）。

4 本庁舎のバックアップ体制を作る

阪神淡路大震災では神戸市役所が崩壊し、東日本大震災でも多くの市町村の庁舎が津波によって流された。2016(平成28)年発生の熊本地震の場合、いずれも建築年数の経過した八代市(1972年竣工、以下同じ)、人吉市(1962年)、宇土市(1965年)、大津町(1969年)、それに益城町(1982年)の本庁舎が倒壊の危険、あるいは、損壊のため立ち入り禁止になった。そうした経験から、本庁舎のバックアップ体制を作る必要性がくり返し指摘されてきている。実際には代替用に準備した施設が、水没や津波に流されるなど被害にあう場合がある。熊本地震で本庁舎が使用不能になった宇土市では、一時、災対本部を別館と福祉センターに移動した。ところが、ここも危険と判断され、やむなく本部を市役所裏の駐車場に移したことがある。こうした経験を参考にすると、代替施設は本庁舎から距離を置いた場所や海岸や河川から離れた山間部など、異なる環境を持つ地域に別置することが得策かも知れない。

場所の選択とは別に、最近の行政はIT技術に依存しているところが大きい。パソコンがなければ災害対応は始動しない。既に紹介したが、先述の熊本県宇土市の場合、震災を受ける前の役所では約300台のパソコンが稼働していた。ところが、災対本部を別館と福祉センターに移動すると、その数は40台にまで減少した。さらに本部が市民体育館に移ることを余儀なくされると、使える機材はわずか3台になった。災対本部が確保できても、パソコンがなければ災害対応は稼動しない。首長はこの点に留意し、災害対策本部の安全確保、代替本部の準備に合わせ、日頃から情報機器の保持を心がけるべきである。理想を言うなら、代替本部に予定される場所については、あらかじめ部屋のレイアウトを考え、どの場所に電話、ファックス、それにパソコンを設置するかなど、見取り図を作成しておくことが望まれる（斉藤泰「平成28年熊本地震において本庁舎が被災した自治体の災害対応について～宇土市役所の事例～」、『平成28年度　地域防災データ総覧「平成28年熊本地震編」』２０１６年）。

5 職員参集、優先業務、備蓄

業務継続計画では、職員の呼集が重要な課題になる。阪神淡路大震災の場合、兵庫県の知事部局職員３１００名の内、６００名が発災当日、県庁に参集している。神戸市では職員総数1万５０００人のなかで、およそ半数に当たる７３００人が1月17日の震災時に登庁した。最近では、２０１８（平成29）年6月18日に発生した大阪北部地震で、大阪府では職員８４１０名の内、16％が1時間以内に庁舎に到着することができた。大阪市でも状況はほぼ変わらず、一般行政職員1万５６００名の内、発災後の1時間以内に本庁に到着したのは17％程度になった。もっとも、震源地に近い枚方市では職員数は２３４２名、その内、１３３８名（57％）が市内に住んでいるが、発災2時間後の午前10時までに１２２５名（51％）の職員が市役所に到着している（朝日新聞、２０１８年7月18日、32頁）。

なかには、「30分規制」と呼ばれるルールを職員に課している自治体もある。職員には本庁から徒歩30分でかけつけられる場所に居住することを求める規則である。東京都や横浜市など、大規模自治体では宿舎を準備し危機管理要員をそこに住まわせるという対策をとっている。2009（平成21）年に総務省消防庁が実施した調査によると、職員の緊急参集基準を設ける自治体は、政令指定都市で59％、中核市で23％、既に消滅しているが特例市で28％、その他の一般市では15％になった（総務省・消防庁「地方自治体における総合的な危機管理体制の整備に関する検討会―平成20年度報告書」2009年）。それ以後、同じような調査が行われていないため比較はできないが、危機管理要員について居住地になにがしかの規則を設ける自治体は増加しているはずである。

多くの自治体は業務継続計画を策定し、その一部に職員の参集規定を設けるという方法を採っている。2018（平成30）年の例を引くと、BCPを策定している団体は、都道府県では47団体すべて、1741団体に上る市町村（1741件）では、1557団体が計画を策定済みである。都道府県ではすべてが参集基準を設けているが、市町村のなかでは1381団体、およそ8割が「必要となる職員の参集基準」を設定している。最近の例では大阪府の危機管理室は、課長級以上の幹部職員9名は全員が徒歩30分圏内に住んでいる。同様の事例は、大阪市、寝屋川市、箕面市などでも見られる。職員の参集率が高くなると、自治体が災対本部の立ち上げるスピードや対応策を検討する時間が短縮される（朝日新聞、2018年7月18日、32頁）。

帯広市が策定している職員の参集想定は、具体的で参考になる。以下にその概容を掲げる。

図表6・2　帯広市「災害時業務継続計画（一部）」（平成29年）

職員の参集想定

職員の参集については、地震災害の場合、通常の通勤方法又は通勤手段によることが困難となることが考えられることから、次の前提条件で、徒歩により参集することを想定した。（水害の場合は、気象予報等によりあらかじめ予測可能なことから参集想定はしないこととする。）

（参集距離）

職員の居住地から参集先までの距離とし、移動手段は徒歩（歩行速度は2km ／ h ［※1］）とする。また、家族の安否確認等出発するまでの準備時間等（0.5時間）を加えた時間とした。

（職員の被災状況）

職員本人及び家族の被災等により、全職員のうちの約1割［※2］は参集できないものとする。

※1　一般的な平坦地での歩行速度は4km ／ hであるが、降雪や家屋の倒壊等による道路事情の悪化を想定した。

※2　被害想定より、5万3,027棟の建物のうち、2,132棟（4・0%）が全壊、半壊、焼失するという想定がされており、職員本人及び家族の被災、地域の救助活動等を考慮し、約1割が参集困難とした。

参集所要時間＝参集距離／歩行速度（2km ／ h）＋準備時間等（0.5時間）

参集所要時間別集計

参集所要時間	1時間以内	3時間以内	6時間以内	12時間以内	1日以内
参集人数	129人	768人	1,074人	1,162人	1,175人
参集人数（補正90%）	116人	692人	967人	1,046人	1,058人
想定参集率	9.9%	58.9%	82.3%	89.0%	90.0%

※「平成29年度非常配備編成計画及び通勤状況」（平成29年2月現在）に基づき算定した。

出典：帯広市「災害時業務継続計画」2017年　https://www.city.obihiro.hokkaido.jp

6 非常時の業務優先順位

発災後も自治体は、住民に等しく様々な業務を提供するのが理想である。とはいえ、混乱する状況下では、これには限界がある。自治体は着手しなければならない業務を特定し、それに注力する体制を組むことが必要とされる。内閣府が公表している「大規模災害発生時における地方公共団体の業務継続の手引き」では、目標とする業務開始時間を3時間以内、1日、3日、2週間、1ヶ月と時系列の5つのレベルに分け、それぞれに想定される業務の内容を提示することを勧めている。これをより具体的にした事例に千葉県がある。同県では災害時に優先すべき業務A～Dの4段階に分けている。Aは発災後すぐに着手すべき業務である。Bは発災後、1日以内に手をつける業務と規定されている。Cは災害が発生してから3日以内に始める業務になる。最後のDは、発災後、1週間以内に開始すべき仕事と決められている。

千葉県の場合、災害時に即刻、対応が期待されるAと判断される業務は323件になる。それに対して、やや時間にゆとりのあるBは30件、Cは22件、Dは15件と想定される。部署別では、河川や道路の安全確保を担う県土整備部の業務が最も多い79件である。それに続くのは、医療救護に対応する健康保険部の57件と総務部44件、それに教育長の41件である。参考までに、以下に千葉県の業務継続計画から引用した資料を掲載する。

図表6・3　業務の評価基準（優先業務）

災害時優先業務 （応急・復旧業務） （優先度の高い通常業務）	A	発災後直ぐに業務着手しないと、県民の生命や生活、社会経済活動に重大な影響を及ぼすため、限られた資源の中にあっても、優先的に対策を講じることが必要な業務。
	B	発災後1日以内に業務に着手しないと、県民の生命や生活、社会経済活動等に相当の影響を及ぼすため、限られた資源の中にあっても、早期に対策を講じることが必要な業務。
	C	発災後3日以内に業務に着手しないと、県民の生命や生活、社会経済活動等に相当の影響を及ぼすため、限られた資源の中にあっても、早期に対策を講じることが必要な業務。
	D	発災後1週間以内に業務に着手しないと、県民の生命や生活、社会経済活動等に影響を及ぼすため、限られた資源の中にあっても、早期に対策を講じることが必要な業務。
その他	E	発災後1週間は業務着手せず、応急・復旧対策に人員を優先することが望ましく、業務の中断が県民生活・社会経済活動に大きな影響を及ぼさないと見込まれる業務。

図表6・4　災害時優先業務数（評価別）

評価	評価基準	災害時優先業務数（㋐＝㋑＋㋒）	応急・復旧業務数（㋑）	優先度の高い通常業務数（㋒）
A	発災後直ぐに着手すべき業務	323	304	19
B	発災後1日以内に着手すべき業務	30	25	5
C	発災後3日以内に着手すべき業務	22	16	6
D	発災後1週間以内に着手すべき業務	15	12	3
合計		390	357	33

図表6・5　部局別業務数

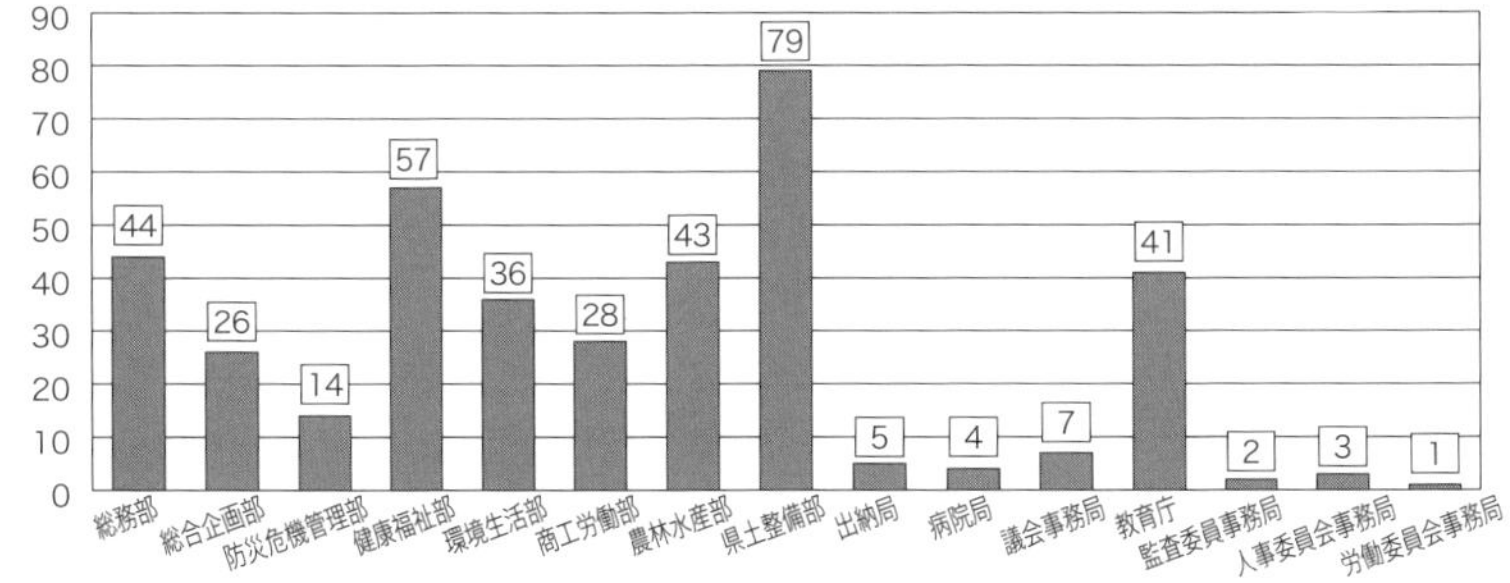

出典：千葉県「千葉県業務継続計画（震災編）―本庁の部―」平成29年
https://www.pref.chiba.lg.jp

業務継続計画は、発災直後を念頭にしながら、自治体として実施すべき必要最低限の応急対策をまとめた資料である。首長の代行を考慮すること、職員の参集率を想定すること、それに災害に備え業務に優先順位をつけておくことなどに関して計画を策定することが必要であるが、こうした内容に関しては、自治体職員が作成方法や手順などを学ぶ訓練を積むことが望まれる。訓練でできないことが、実際の場で実行できる訳がない。訓練を通して職員全員が、業務継続計画の重要性を改めて認識することが必要になる。業務継続計画が机上の空論に終わらせないためにも、それを訓練によって試し、職員全体で計画の有効性を確認することが必要である。

6 震災復興事業の進捗と被災者の現状と課題

1 東日本大震災の避難者—高齢化と一人住まい

東日本大震災からすでに相当な歳月が経過している。残念ながら、被災地の復興にはまだ時間がかかる様子である。仕事に就けない被災者、仮設住宅での生活を強いられる避難者、震災以前の生活にもどる目途も立たない人びと、被災者の間で生活設計に関する不安は絶えない。復興庁の資料によると、2019（平成31）年4月現在、全国の避難者は約4万8000人に上る。避難者の居住地域は47都道府県、997市町村にまたがるが、なかでも福島県（7249人）、東京都（4530人）、埼玉県（3346人）、茨城県（3304人）、岩手県（2950人）が多い（復興庁「全国の避難者数」2019年）。

避難した人びとについては、いくつか共通する特徴が認められる。東京都や岩手県、それに山形県を参考にすると、避難した人びとの年齢層はいずれも60代以上が大半を占める。東京都の場合、避難者の5割以上が60歳台を超える（53・2％）。その内、70

図表6・6　Q1⑴①：世帯代表者年齢

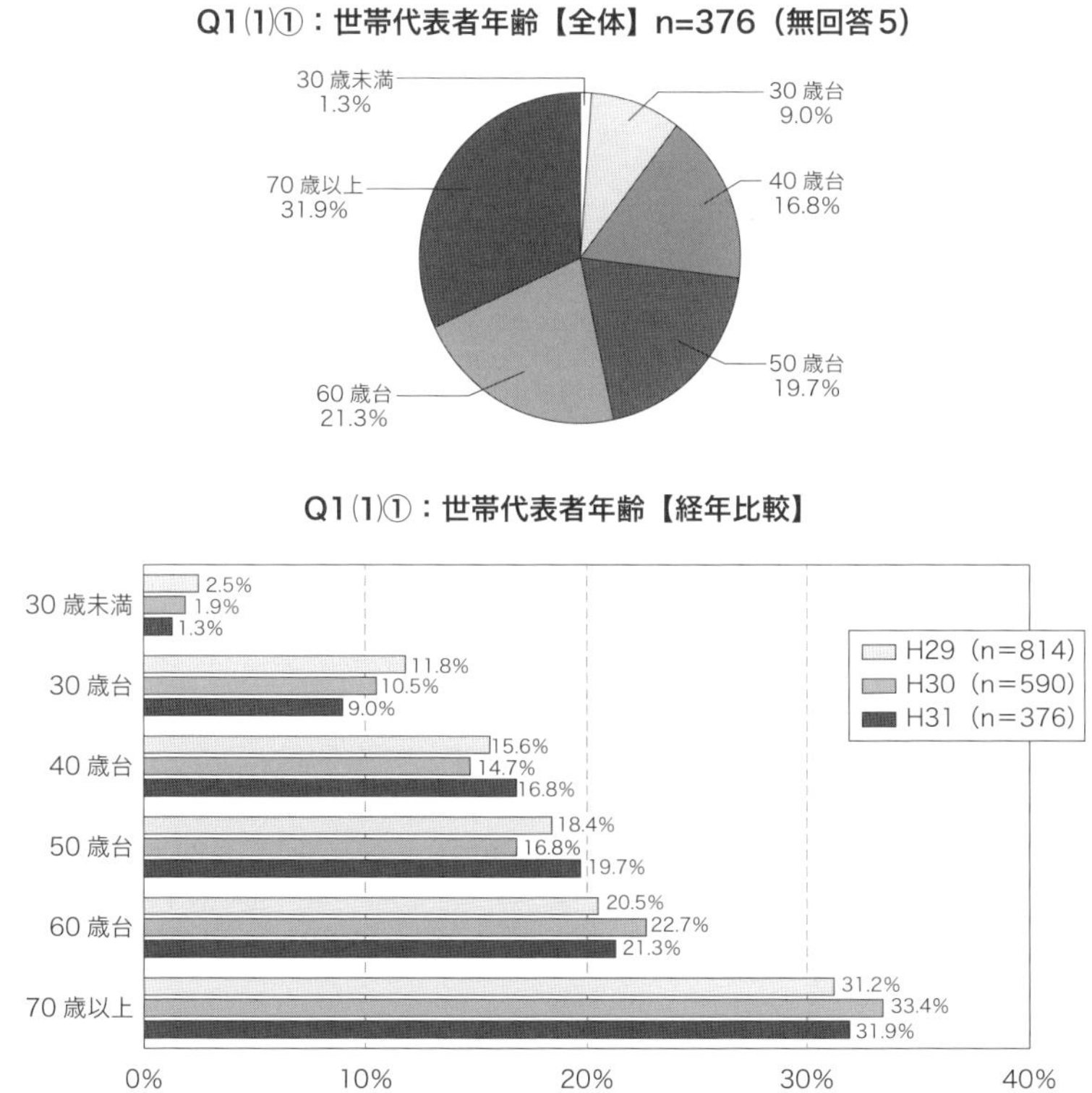

出典：東京都総務局「平成30年度都内避難者アンケート調査」3頁、2018年
https://www.soumu.metro.tokyo.lg.jp

歳以上の避難者は3割（31・9％）にもなる。避難者のなかに高齢者が多いが、状況は岩手県や山形県でも変わらない。それら両県でも避難者の過半数は60歳以上である（東京都総務局「平成30年度都内避難者アンケート調査」2018年）。

年齢層が高いことに加え、家族の構成員が少ないことも避難者世帯の特色である。1人暮らしや2人住まいという避難者が多いが、東京都に避難した人びとの3割近く（29・1％）が1人暮らしで

図表6・7　Q1⑴②：世帯人数

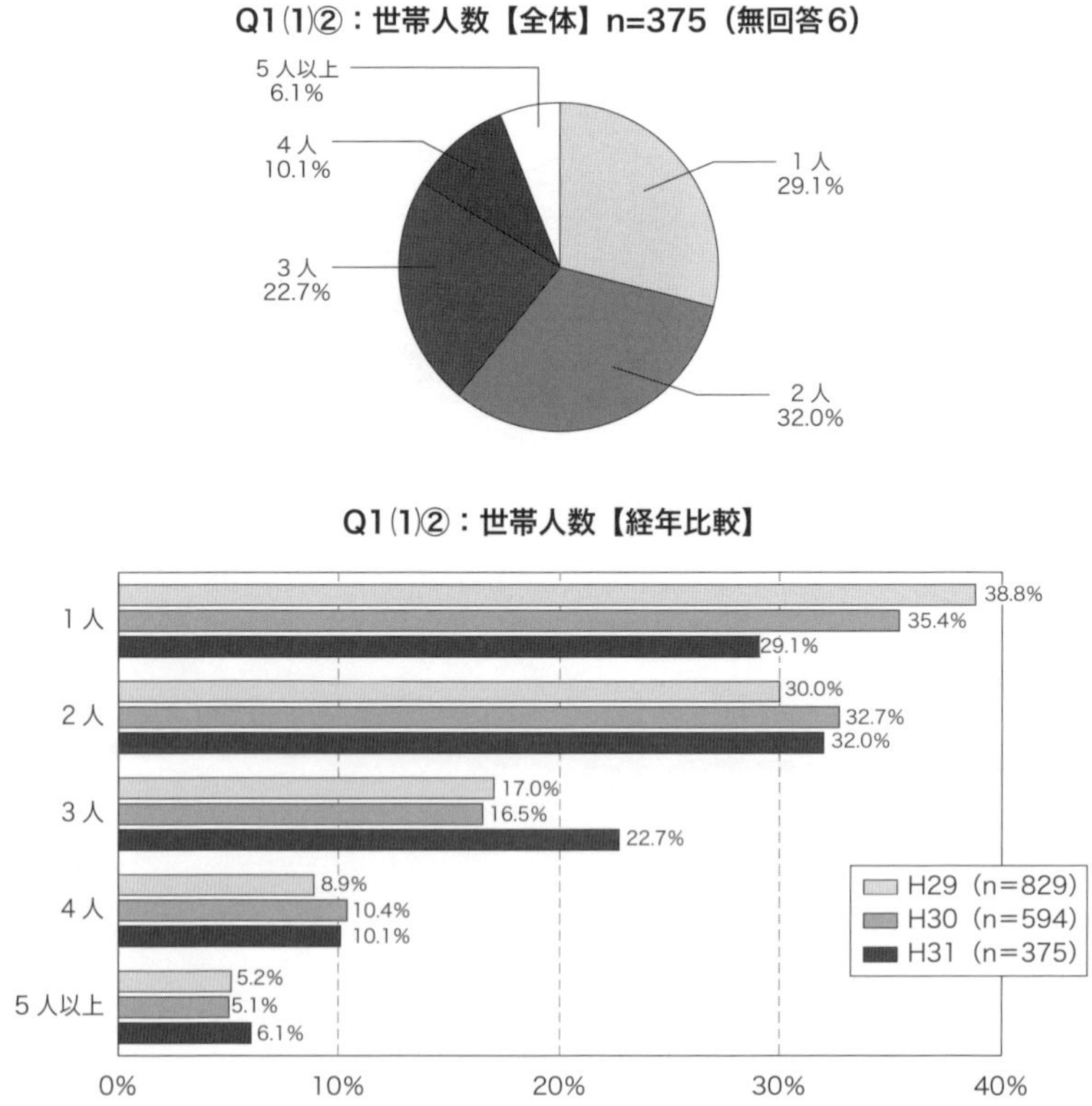

出典：東京都総務局「平成30年度都内避難者アンケート調査」4頁、2018年

ある。家族構成が２人という世帯も同じ程度、３割超に達する（32・０％）。一方、３人家族（22・７％）や４人家族（10・１％）になると、その数は２割前後に低下する。問題は、高齢者であるため無職という人びとが多いことである。所得は年金や貯金の切り崩しという世帯も少なくない。現在、東京都に住む避難者の間では、月額平均収入が10万円～20万円未満という世帯が一番、多い（34・９％）。東京都の避難者では、生活資金に不安を覚える人、住宅事

図表６・８　Q1⑴③：避難元の県

Q1⑴③：避難元の県　n=378（無回答3）

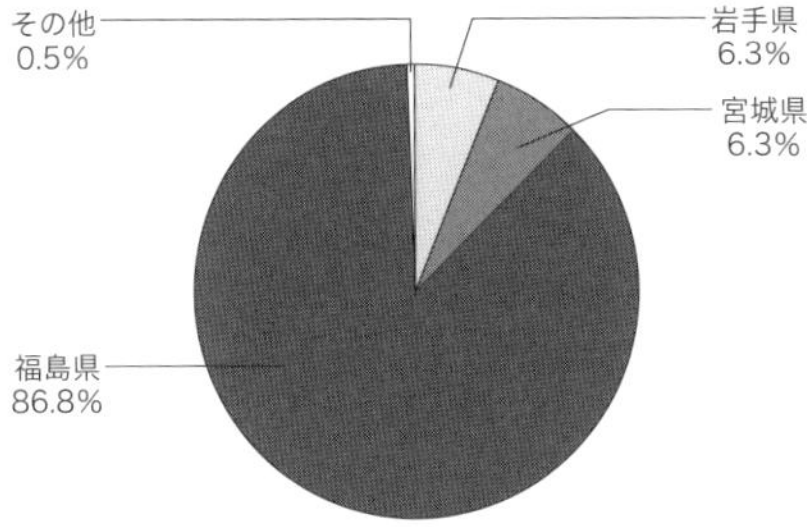

Q1⑴③：避難元の県【経年比較】

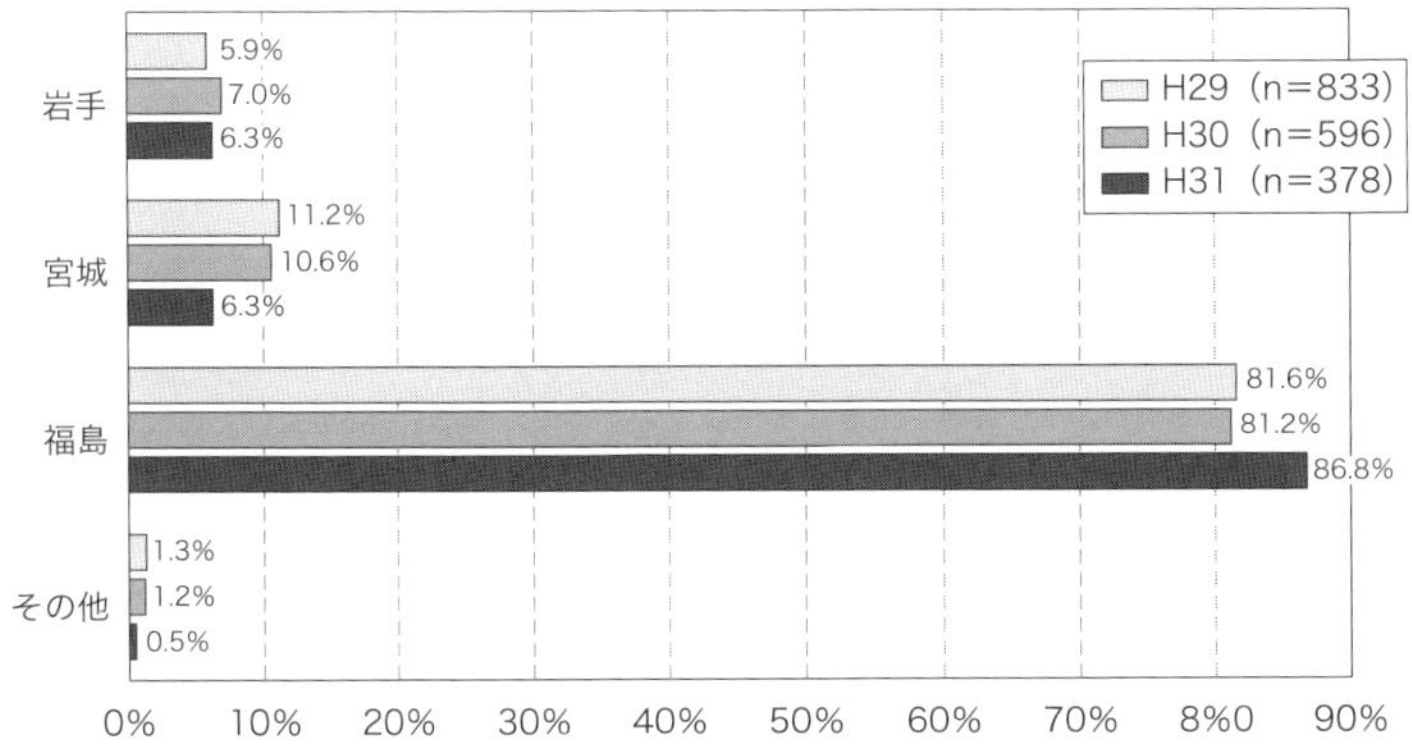

出典：東京都総務局「平成30年度都内避難者アンケート調査」5頁、2018年

情を心配する人の数が多い。健康や福祉に関心が高く、都庁に対して、それらの情報提供を希望する声が強いのも東京都の特徴である。山形県でも避難者で1人住まいや2人家族は、合わせて4割に達する。東京都に避難した人びとと同様、山形県に避難した人びとの間でも、生活資金についての不安、住宅への関心、それに健康福祉についての情報を希望する要望が出ている。

2 岩手県の事情―被災者回帰を阻む要因

岩手県は例年、被災者を対象に復興に関する意見聴取や生活についての意識調査を重ねてきている。参考までに2018年1～2月に実施された郵送調査を引用すると、被災者に対して復旧・復興の実感を尋ねた設問では、「進んでいる・やや進んでいる」という回答が年を追って増えている。その数は最低を記録した2013（平成25）年の1割前後（10・4％）から、2018（平成30）年には3割超（31・8％）に上昇している。問題は「遅れている・やや遅れている」など否定的回答が、今なお肯定的な答えを超える4割近く（38・0％）に及ぶことである。

全体として岩手県民は復旧・復興のスピードは遅いという印象を抱くが、感想は沿岸部か内陸部か、居住する場所によって異なる。被害が甚大であった沿岸部では様々な復興作業が続いているためかも知れない、復旧・復興を実感する人の数は4割近く（39・9％）に達する。遅れていると思う人びと（36・9％）をやや上回る結果が出ている。一方、内陸部になると様相は異なる。「遅れている・やや遅れている」という回答は4割近く（38・3％）、対して「進んでいる・やや進んでいる」という答は3割（29・8％）まで下がる。被害が甚大であった沿岸部で復興が進んでいるという感想を持つ人が多く、内陸部ではそのスピードが遅いという意見が目立つ。復興のスピードについて、被災者の印象は場所によって異なるが、地域の違いに関わらず岩手県民の大多数が復興の進捗を肌で感じる日が来るのはまだ先のようである（岩手県「平成30年「岩手県の東日本大震災津波からの復興に関する意識調査」結果（データ編）」2018年）。

岩手県では「県外に移った県民」、「県内の内陸部に移住した住民」の2つのグループを対象にした調査も行っている（岩手県「平成29年「岩手県の東日本大震災津波からの復興に関する意識調査」結果（データ編）」2017年）。そのなかで、県外に避難した住民に将来について尋ねているが、現在の場所（県外）に定住すると回答した人は3割超（33・9％）になる。これと同数が震災以前に住んでいた居住地にもどりたいと答えている（32・3％）。もどる予定であるが時期は未定という住民も多く、もどりたい人、もどる予定の人を合わせると、県外に移住した県民のなかでは、5割以上の人びとがいつかは被災前の元の居住地にもどることを予定している。一方、県外でなく岩手県の内陸部に移った住民の間ではどうかを見ると、ここでは3割超（33・5％）の県民が現在の場所に引き続き住むことを選択している。元の居住地にもどることを希望する住民も同じく3割近く（29・9％）になる。もどりたいが時期は決めていないという回答も多く（内陸地区31・7％）、それらを合わせると内陸部に移り住んだ県民のほぼ6割が、被災前の土地にもどることを希望している。

こうしたデータを見る限り、以前の土地にもどることを希望する住民は少なくないように見えるが、実際には被災者の期待する方向に事態は進展しないようである。岩手県大槌町では、一部の地域で津波被害に遭った宅地のかさ上げ工事が終わっている。中心街の町方地区では、510区画が整備され住宅を建てる準備ができた。ところが、その内、住宅が建設されたのは244区画、それらの区画には数軒の住宅が完成したという現状である。更新された土地に住宅を建てる準備ができたが、そこに実際に移り住む被災者は予想以上に少ない（朝日新聞、2019年5月13日）。復興が遅れたため、新しい土地で始めた生活が定着し、それを捨てられなくなったこと、医療施設や商店が少なく利便性が低いなど、被災者のふるさと回帰を阻害する要因は多い。地元に帰りたいという気持ちはあるが、いざとなるといろいろ複雑な事情が浮かび上がるのが通例である。もどりたいという希望と、現在の生活という現実との狭間で多くの被災者は苦悩を強いられている。

やや主旨が異なるが、福島県を調査した資料を参考に上げると、被災地にもどろうとする住民は浪江町で6%、富岡町9%、飯館村23%、南相馬市47%、楢葉町53%などである。福島第一原発に近いほど、元の住所にもどりたいと考える被災者の数は下がる。福島でも帰還を希望する住民は、60代以上の高齢者に多いことは、他の地域に避難した住民に通じる傾向である（日本経済新聞、2019年5月13日朝刊）。

3 被災者の生活環境―県外移住者の事例

東京都と山形県、それぞれ異なる地域に避難した人びとが、現在、避難先でどのような住宅に住むかを比較すると、両県の間に差異が認められる。東京都では公営住宅、国家公務員宿舎など、応急仮設住宅に住む人びとが、およそ3割（31・7％）になる。それに民間の賃貸でも応急仮設とみなされた住宅に住む人びとが1割弱（7・4％）いる。それらを合算すると、およそ4割が公的住宅に住む計算になる。東京都については自己負担で住宅を確保する事例がここ数年、増えてきている。その数は5割に近づいている（47・4％）が、これは東京都に避難した人びとで、東京での定住を決めた人びとの数（54・4％）にほぼ匹敵する規模である。東京都の被災者のなかでは被災地にもどらず、首都圏定住を希望する避難者がこれからも増加するものと考えられる（東京都総務局「平成30年度都内避難者アンケート調査結果」2018年）。

一方、山形県に避難した人びとの間では、自己負担で賃宅住宅に住む例が多い（36・0％）。家賃の平均は5万円前後である。その他では、県の借り上げ住宅に住む被災者（25・0％）と、避難後に入手した持ち家に住むグループ（23・5％）がほぼ同数になる。山形県に避難した被災者で特徴的な点は、福島県からの移住者が多いことである。8割以上が福島県から避難しているが、そのためかもしれない、もうしばらく山形で生活したいと考えている人が避難者の5割近く（43・5％）に及ぶ。理由は元の被災地域で放射線の影響が心配されるためである。将来は震災前の住所にもどる予定をしている避難者でも、元の場所にもどった場合、仕事のことや生活資金の他に放射線の影響を憂慮する意見が多数を占める（山形県広域支援対策本部避難者支援班「避難者アンケート調査集計結果」2016年)。東京都でも山形県でも、今後に関して生活資金や健康、それに住宅に心配を抱える避難者が多いことで共通している。とりわけ、東京都に避難した人びとの間では住宅への関心が、他の地域に比べて高い。

4 避難者の将来展望

この稿では、東北大震災の避難者に焦点を合わせ、3つの視点から被災者の現状を検討してきた。その結果、被災地から県外や県内の他地域に避難した人びとの間で高齢者人口が多いことや、世帯を構成する人数が少ないことを確認してきた。また、避難者のなかでどの程度の人数が、被災前の地域にもどる予定をしているかにも関心を払った。故郷にもどることを希望する避難者も多いが、復興に相当な時間が費やされてきたため、避難先での生活を捨てられなくなった被災者も少なくない。一時的に移住した新しい土地で仕事を見つけたことや、こどもが就学を始めたためなど、震災前の土地に帰れない事情を抱える避難者も出てきた。故郷に帰りたいが医療機関が少ない、日常の買物が不便など、利便性の不足なども被災者の故郷回帰を鈍らす原因である。最後に、避難先での住宅事情についても現状を探ったが、東京都に避難した住民の間では、首都圏に定住する人びとが増加する傾向にある。自己負担で住宅を手にする被災者も多いが、その一方、福島県からの被災者が多数を占める山形県では、もうしばらく山形県に住みたいという人びとが相当数に上る。放射能の生活への影響を危惧するのが、その理由になっている。

紹介してきた調査結果は、今後、自治体の政策に反映していくことが望まれるが、既に復興庁や自治体では様々な対策を取ってきている。ただ、避難者の高齢化と一人住まいの増加は引き続き十分な対応が必要とされる課題である。これら2つは現在の社会に普遍化する難題でもある。とりわけ被災者の間では低所得や健康不安などの課題が一層、シビアな形で表面化する可能性がある。復興事業はかなりの成果を挙げてきているが、この先、元の居住地への回帰と定住化を進める構想を練り上げることが必要である。各地で宅地建設ができる準備ができても、住宅が建設され街が生まれなければどうにもならない。今後、各地で町の再生に向けて、官民挙げての協働事業が始まることが期待される。

7 自治体間の災害支援協定を精査する

1 自治体間の災害支援協定

これから自治体間の支援協定のこれまでとこれからにつき検討したいと思う。利用するのは、明治大学危機管理研究センター（明治大学危機管理研究センターは、2018年3月をもって活動を終了している。ただ、既に実施してきた調査などの資料に関しては、引き続きネットで公開している。）が東日本大震災の後、2011年9月～10月にかけ基礎自治体を対象に実施した危機管理に関するアンケート調査である。

調査で判明したことをはじめに明らかにしておこう。自治体が災害支援協定を締結するパターンには、大きく4つの類型があることが分かった。1つは県外の遠地に位置する自治体間で災害支援協定が締結される事例である。東京都の国分寺市が、新潟県の佐渡市や長野県の飯山市と災害に関する全般的な課題につき協定を締結しているのが、その一例に当たる。こうしたケースは、アンケート調査に回答を寄せた80団体の内、74件（92・5％）に見られた。一般的には、そうした遠隔地間の自治体で交換する協定を災害支援協定と想定してきた。しかし、それとは異なる別のパターンもある。同じ県内でありながら、ある程度距離を置いた自治体間で結ばれる協定である。この種の協定を結ぶ事例は58例（72・5％）に上った。3つ目は、同じ県内で隣接する近隣の自治体が結ぶ支援協定である。例えば、神奈川県・平塚市は隣接する藤沢市や茅ヶ崎市と災害支援協定を結んでいる。70事例（87・5％）が、このパターンに入る。最後は、県境をまたいで隣接する自治体間で締結する協定である。奈良県・生駒市と京都府・京田辺市は県域をまたいで支援関係を結んでいる。こうした事例は25例（31・3％）と限られている。

図表6・9　自治体間における災害援助協定締結パターン

対象自治体＝80団体

(1)　県域を越えた遠地の自治体間の協定	74件	(92.5%)
(2)　同一県内で距離が離れた自治体間の協定	58件	(72.5%)
(3)　同一県内で隣接する近隣自治体間の協定	70件	(87.5%)
(4)　県境を越えるが隣接する自治体間の協定	25件	(31.3%)

出典：明治大学危機管理研究センター「自治体の防災・危機管理施策に関するアンケート調査担当課アンケート単純集計結果」2012年
http://www.kisc.meiji.ac.jp/~crisishp/ja/pdf/2012/questionnaire-in_charge.pdf

これまでの実績で言うと、遠地間の自治体で結ばれる支援協定が最も一般的である。ただ、同じ県内で近隣の自治体間で結ばれる援助協定が締結されている事例も少なくなかった。大災害が発生した場合、近地間の自治体協定はこの先、重要な意味を持つと考えられる。交通手段や物資輸送経路の寸断などが起こることを考えた場合、発災直後からしばらくは近地の自治体間で行政機能や備蓄、避難所の設置などの課題について相互補完の態勢を仕組むことが重要になる。

2　災害支援の動機

今回、すべての自治体が被災地に対して災害支援をした経験のあることが分かったが、複数回答で被災地を支援をするきっかけを尋ねた。回答では、広域連携組織からの要請が一番多く95件（15・8％）に上った。これに全国市長会からの要請と答えた94件（15・7％）が続いた。危機管理の協定にもとづいて支援を実施したところも90件（15・0％）に及んでいる。ただ、

図表6・10　東日本大震災における自治体関係支援

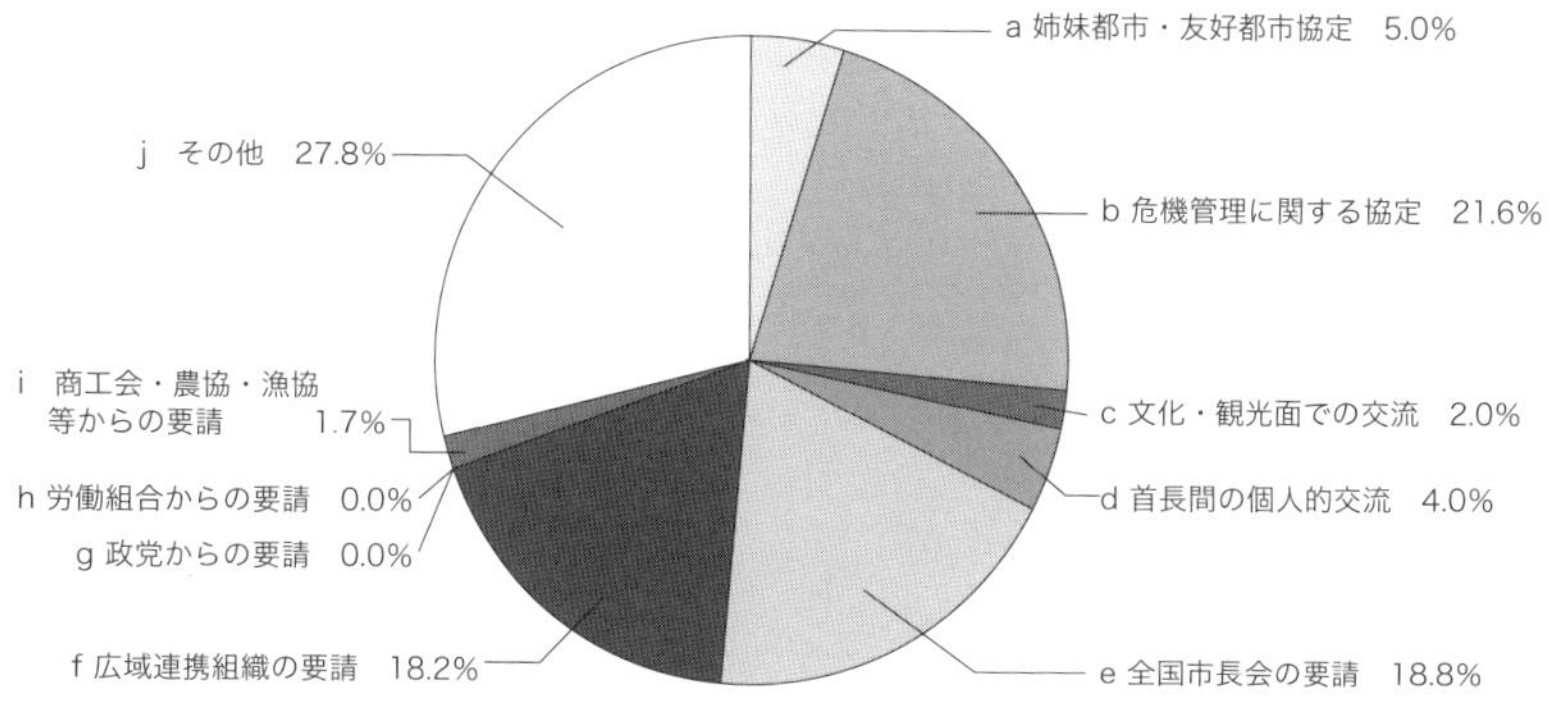

出典：明治大学危機管理研究センター「2011年度　防災・危機管理施策に関するアンケート調査」

事例として最も多いのは「その他」の276件（46・0％）である。このなかには、県からの要請の他、被災地から直接、要望があった事案以外に、医師や看護師など医療関係者の出動要請などが含まれた。

支援の中身については、従来、職員派遣、消防支援、それに生活物資援助の3つの案件にほぼ限定されてきた。今回の調査では、救援物資を送付した自治体が73件（94・8％）に達した。ほぼ、すべての自治体が被災地に物質支援をしたことになるが、それとは別の支援活動では避難住民の受け入れを行った自治体が63件（81・8％）に上ったことが目を引く。他では避難所の運営（35件）、被災地での保健福祉活動（59件）や救護医療活動（39件）などを担当した事例が比較的、多数になっている。

動機や中身とは別に支援の仕組みについて見ると、自治体間の支援活動は大きく4つのタイプに分類することができる。1つは、国と全国知事会、それに全国市長会が関わるスキームである。総務省は、2011（平成23）年3月22日に「東北地方太平洋沖地震に係る被災地方公共団体に対する人的支援」と題する文書を、知事、政令市市長、それに知事会と市長会に送付している。この仕組みでは、被災した自治体自身が必要とする職員数を調べ、それを被災県に要請することが基本になる。被災県は、自治体から集まる要望を取りまとめ、結果を総務省に伝達するという手続きが必要になる。それを受けた総務省は、全国知事会や全国市長会に職員派遣を促すという方法である。

この方法には、いくつか問題がある。被災自治体が必要な職員数を調べ、それを県に要望するという点についてである。被災団体は、すでに人手不足である。職員の不足数を把握し、それを報告する余裕はない。また、この方式では時間がかかる。自治体から県、そこから総務省を経て、知事会や市長会につながるが、その間に別の支援活動が展開される可能性が高い。

2つ目は、関西広域連合など広域連携組織による支援である。東日本大震災では関西広域連合が実施した被災地支援が迅速であったこと、支援活動の効果が優れていたことなどに高い評価が出ている。発災直後の3月13日に関西広域連合の委員である知事が集まり、支援する被災地を確定し現地に連絡事務所を設置することなどを決めた。大阪府と和歌山県が岩手県を支援する一方、兵庫県と鳥取県、それに徳島県は宮城県の支援を担当する。また、滋賀県と京都府は福島県をカバーするというように、カウンターパートを明確にしたことが、広域連合の支援活動が成功した秘訣と考えられる。

その上、関西広域連合では現地に連絡事務所を置いた例がある。宮城県を支援したチームは、宮城県庁内部に現地支援本部を設置すると同時に、気仙沼市、南三陸町、石巻市にそれぞれ現地事務所を開設した。これが被災地の要望を吸収する点で、大きな役割を担ったと評価されている。これに似た事例に東京都多摩地区の26市が実施した試みがある。ここでは、関西広域連合とほぼ同じように支援相手先を5つのグループに分け、それぞれに複数の自治体が割り当てられた。救援活動を集中して行うのが、その意図である。

3つ目は、北九州市が展開した方法である。北九州市は、ほとんど関係のなかった釜石市を積極的に支援した。両市が鉄鋼産業という共通項をもつからであるが、当初、北九州市は釜石市との連絡に困った。被災地は北九州市からの連絡に答える余裕すらなかったためである。そこで北九州市は自発的に支援活動を開始することに決めた。8月1日には釜石市役所内に、「北九州市・釜石デスク」が設置され、北九州市の職員は現地で避難所運営や戸籍・住民票の交付、それに選挙事務を担当した。その後、区画整理や廃棄物処理、それに保険健康などのサービスを補助している。北九州市では「支援職員登録」と呼ばれる制度を実施している。8000人の職員に支援活動ができる人材を登録させ、このリストからスタッフを派遣する仕組みである。現在、1000名近い職員名が登録されている。

最後は、東京都杉並区がはじめた方法である。これは、複数の自治体が1つの被災自治体を支援する「スクラム支援」という形をとる。杉並区はもともと南相馬市と災害援助協定を結んできた。これにもとづいて、同区は南相馬市の支援をはじめるが、それにあわせ杉並区は、姉妹都市提携を結ぶ新潟県小千谷市、北海道名寄市、群馬県東吾妻町にも働きかけ、スクラムを組んで南相馬市を支援することを呼びかけた。災害支援協定が姉妹都市提携に結びついた珍しい事例になった。今回出てきた自治体間の支援活動は、この先もさらに新しい方法を生む可能性がある。いずれの方式を採るにせよ、狙いは被災地の一日も早い復旧と復興であることには間違いがない（本稿の資料整理には、当時明治大学助手をしていた飯塚智規君の協力を得た）。

3　ポスト東日本大震災と受援力の重視

東日本大震災を経験して、自治体が締結する援助協定にも変化が見られる。内閣府や総務省、それに消防庁が自治体間の相互支援協定について、以前より具体的なガイドラインを出すようになってきたことが、その一因かも知れない（例えば、内閣府（防災担当）「地方公共団体のための災害時受援体制に関するガイドライン」２０１８年）。協定の中身や形態は多様化し、内容は従来に比べより実践的になったという印象を受ける。なかでも注目されるのが、「受援力」という表現である。東日本大震災以前にはなかった言葉であるが、震災後、この課題に力点が置かれるように変わってきている。従来、自治体は被災地への職員派遣、消防支援、それに物資供給などを中心に応援協定を結んできた。これまでの状況をごく大雑把に言うと、協定に参加した自治体は被災した自治体を支援することを念頭に協定を考えてきた。この構想には、自身が被災地になるという可能性は想定されていなかった。

こうしたイメージは東日本大震災で壊れた。自治体のなかに首長が命を落とし、職員が多数、落命するなど想定されなかった悲劇に見舞われたところがあった。多くの自治体は協定にもとづき、即刻、被災地への支援を始めたが、一時、東北地方で太平洋に面した一帯は、「支援銀座」と呼ばれるほど応援が集中した。指摘するまでもないが、被災自治体にとって今回の大震災は予想をはるかに越える未曾有の出来事であった。支援を効率的に受け入れる訓練もノウハウもほとんどなかった。そうした事前準備が整っていない地域に、支援グループが全国各地から続々と到着した。結果、被災自治体は支援職員の数、救援物資の量の多さに圧倒される場面が出てきた。押し寄せる支援の波で身動きがとれず、支援作業が遅れるところ、必要な物資が必要とする地域に届かないなどの不具合も発生した。

似たような事例は以前にもあった。阪神淡路大震災では、神戸市などに被災者を支援するための毛布や食料が全国各地から大量に到着し、同市ではその仕分けに多数の職員を割かなければならなくなった。毛布を格納するため、小学校の体育館が少なくとも3施設、必要になったとも言われる。善意の支援であることには違いないが、それが場合によっては大きな問題を生み出す。被災地にとっては迷惑な支援になることもある。こうした状況を事前に避けるため、2004（平成16）年と2007（平成19）年の2度にわたって被災した新潟県・長岡市では、2007年の地震直後、日本郵便や宅配業者に対し個人が長岡市宛に送ろうとする毛布や古着など、支援物資は受け付けないよう要請した。

長岡市の措置は仕分けに人手がかかることや、格納スペースの確保など、難題の発生を事前に回避する策であったが、東日本大震災の場合にも支援を受ける自治体サイドに準備不足があった。援助を受ける自治体の内部で連絡がうまくつかず、援助物資が特定の地域に集中するなどの問題が発生した。同じように、支援側にも自治体間で連携が不足していたこと、支援に調整が取れなかったなどの報告が出ている。応援を効率的で効果的な軌道に乗せるためには、支援をする側の対策を調整し、関係自治体が協働する体制を作ることが必要であった。そうした問題が発生したため、東日本大震災では震災の混乱が一段落すると、政府や自治体など関係者の間から、応援体制の見直し、受援力を強化する方法などを検討する必要性が説かれ始めた。

東日本大震災後の応援の基本的な枠組みを見ると、⑴市町村間が相互に結ぶ従来型の応援協定に加え、民間企業などとの支援の取り決めを進める例が増えている。⑵都道府県になると、タテとヨコの2つの協定が重視される傾向が見られる。県が域内の市町村と交わすタテ型の相互応援に関する協定にもとづく支援。それに都道府県間で締結されるヨコ型の相互支援協定が加わる。(3)全国知事会、全国市長会、全国町村会など、地方団体の基軸組織が進める応援協定である。(2)の都道府県間で交わされる協定に関しては、1995（平成7）年以前、3件であった相互支援協定は、1996（平成8）年に至って、全国知事会が全都道府県を対象に広域防災応援協定を締結することに決めている。全国知事会が調整役となり、全国の都道府県が相互に支援する「オール都道府県型」の制度ができ上がった。なお、都道府県の間では、広域ブロック毎に支援協定を締結する事例が増加している。2018（平成30）年に消防庁国民保護室がまとめた資料によると、全国の都道府県で様々な形式の相互応援協定を結んでいる例は、少なくとも45件に上る（消防庁・国民保護室「地方防災行政の現況」2019年）。

北海道と東北7県は、2007（平成19）年にそれまでの協定を更新し、2014（平成26）年に新しく「大規模災害時の北海道・東北8道県相互応援に関する協定」を締結している。この協定にもとづく相互応援は、これまでのところ1回である。支援回数が5回と最も多いのは、山口県、福岡県、佐賀県、長崎県、熊本県、大分県、宮崎県、鹿児島県、それに沖縄県が関わる、「九州・山口9県災害時応援協定」である。これはカウンターパート方式を基本にした応援体制であるが、2016（平成28）年に発生した熊本地震では、九州知事会を中心に関西広域連合などと連携しながら、熊本県をはじめ多数の被災市町村に職員派遣などの支援を実施した。

4 行政評価と応援・受援計画の未整備

新しい災害支援の取組みが出現しているが、問題は被災地への支援を具体化した「応援計画」を策定していない自治体が多数に上ることである。総務省・行政管理局が29都道府県と168市を対象に2014年に実施した行政評価によると、応援計画を既に策定している自治体は、都道府県で11団体（37・9％）、市については11団体（6・5％）と少ない。応援計画を策定中と回答した市は1件である。一方、応援計画を持たない自治体は、都道府県で18団体（62・1％）、市では156団体（92・9％）に増える。受援計画に関しても作成状況を見ると、策定している都道府県は12団体（41・4％）、市では19団体（11・3％）でしかない。2014（平成26）年の段階で、1都道府県と1市町が策定中であった。策定していない団体は、都道府県で16団体（55・2％）、市町で148件（88・1％）の高率に及ぶ。

応援計画を作らない理由として、既存の相互応援協定などで対処という自治体があった。応援する相手先の被災状況を見極めて対応するため事前の計画は不要という答えも散見された。災害規模によって応援人数や業務分担も変わる、事前に具体的な中身を付した応援計画を作ることが難しいという意見も出た。一方、受援計画を作らない理由として、支援を受けるような災害を想定していないという回答も見られた。災害規模により必要とする職員規模が異なることや、どの程度の支援が受けられるかが不明などの理由で計画を作らないところもある。その一方で自治体からは、国に対して応援計画や受援計画について、参考になるマニュアルを作り明示して欲しいという要望も多数あった。

それを受けてのことかも知れない国は自治体向けに、その後、いろいろなマニュアルを作成し、それらを公表している。内閣府（防災担当）や総務省消防庁などが熱心であるが、一例には内閣府（防災担当）が２０１７（平成29）年に策定した、「市町村のための業務継続計画作成ガイド―業務継続に必須の６要素を核とした計画―」がある。このなかで、自治体には⑴災害時において首長が不在のときの対応、⑵本庁舎が被害を受けたときの代替施設、⑶電気などライフラインの確保、⑷災害発生時における通信手段の検討、⑸行政データのバックアップ、⑹非常時における優先業務の整理など、６項目を軸に業務継続計画を策定することを勧めている。２０１４（平成26）年には消防庁が、「市町村長による危機管理の要諦―初動対応を中心として」を発表した。これも災害に対応する事前準備として自治体首長が参考にすべき貴重な資料である。

受援計画については、内閣府（防災担当）が２０１７（平成29）年に「地方公共団体のための災害時受援体制に関するガイドライン」をまとめている。これには体制の整備や機能の明確化をはじめボランティアとの関係など、被災自治体が外部からの支援を効率よく受け入れるための制度設計の見取り図が説明されている。内容は受援側自治体に応援側の現地本部を立ち上げるスペースを提供すること、事務を勧める資機材を提供すること、執務環境の整備、宿泊場所の提供など、実践的な項目が列記されて興味深い。

第7章

地方議会人と危機管理への積極的関与

1 防災対策と地方議会の立ち位置

これまで、防災や災害対応に地方議会はほとんど関係してこなかった。地方議会は住民の安心や安全対策に関われなかったのが、現在までの姿である。自治体執行部が作る地方防災計画や業務継続計画に議会の役割が登場することはない。その実状の一端を示す資料では、自治体の執行部職員に「地元議員と防災の役割を議論したことがあるか」を尋ねている。結果は、都道府県（19団体）ではゼロという回答が出た。都道府県レベルでは災害対応の主導権は、執行部が掌握し議会人は「無関係、蚊帳の外」というのが現状である。職員数が600人以上の大規模自治体（165団体）になると、ここでも「議論していない」が9割近くになった。ただ、都道府県議会の場合と異なり1割近くが「既に議論した」、「議論の最中」という回答を寄せている。状況は職員数が200～600人の中規模自治体や職員数が200人を下回る小規模自治体においても、ほぼ変わらない。議会と災害対策について検討したことがないところが9割近く、議会人と意見交換しているのは1割程度に止まっている（図表7・1）。

設問に被災経験の有無を取り込んで再度、質問を試みると、結果は興味ある傾向を示している。一般的には被災経験のある自治体では、執行部は議会議員と防災などについて相談すると思い勝ちである。ところが、実際はかなり異なる。調査結果によると、被災経験の有無は執行部と議員とが議論を交わす機会を

図表7・1　地元選出議員の役割について議論したか

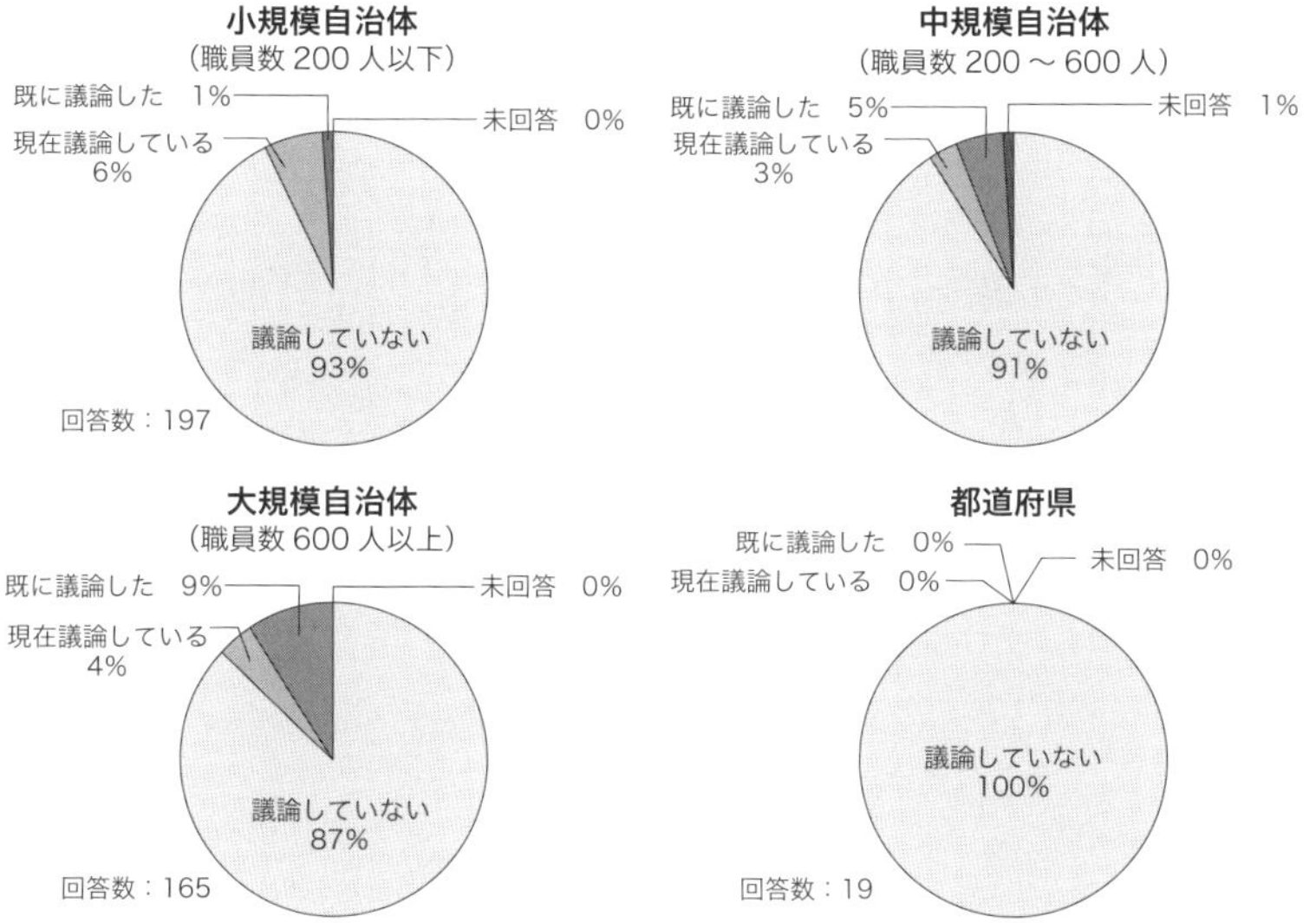

図表7・2　地元議員と防災の役割について議論─被災経験の有無

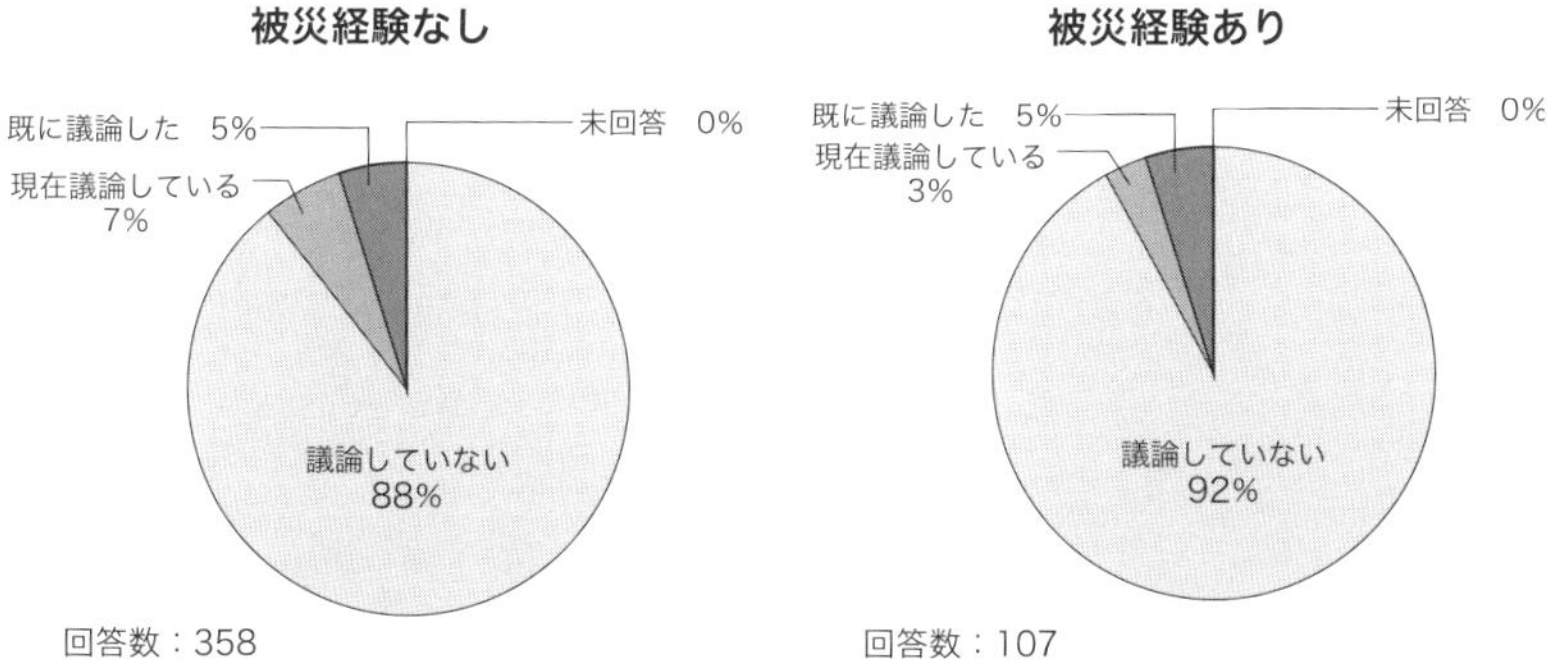

出典：日本防火・危機管理促進協会「地方自治体における災害対応経験の継承に関する調査研究」2017年

増やすことにほとんど関係しない。「被災経験なし」の自治体では、358団体の内、330団体（88％）で執行部は地方議員と防災について相談をしたことがないと回答している。「被災経験あり」の107団体のなかで、防災につき議会と議論したことがない団体は94（89％）になる。議論したところは、せいぜい1割以下である。つまり、執行部の視点に立つと、被災経験の有無に関係なく、議会は災害対策とほぼ無関係、相談する必要はないと見ているようである。被災経験のある自治体においてさえ、同じような傾向が見られるところが興味深い。それをどう読み解くか難しい問題であるが、やや飛躍した仮説を言うなら、被災した自治体では発災時に職員は議員から様々な要求を突きつけられ、振り回されたのかもしれない。その苦い経験が、執行部の議会に対する消極的な見方を生んでいるとも考えられる。その辺りの問題についてはより実証的な調査が必要である（日本防火・危機管理促進協会「地方自治体における災害対応経験の承継に関する調査研究」2017年）。

2 地方議会人の防災意識──過去と未来

地方議会が防災対策などから排除されてきたのは、議会人にも責任がある。議会人の視点からすると、安心や安全対策は久しく「フダ」にはならないと考えられてきた。そのため、危機管理に関心を寄せる地方議員はほとんどいなかった。筆者の経験からでも、東日本大震災が発生する以前、地方議会から防災や危機管理について研修の依頼を受けたことはない。加えて、首長をリーダーとする執行部は、議員が危機管理にかかわることに神経質であった。できれば極力、排除したいというのがホンネになってきた。議員が災害対応に関与すると、問題は政治化し混乱する、議員は危機管理に近づけさせないというのが執行部のこれまでの姿勢である。そうでなくとも、災害が発生すると現場に行かせろと無理難題を投げつける議会人が少なくないからである。

議員は執行部中心で進む危機対応では脇役に過ぎない。ところが、東日本大震災の被災地では、地方議員の役割に疑問を持つ住民が出るようになった。住民のなかから「地方議員は何もしてくれなかった」という声が挙がった。何もできない議員なら、議会は不要という見方も表面化してきた。個人としてボランティア活動に関わる議員もいる。しかし、個人ではなく議会として危機管理に組織的に対応するところは、これまでほとんど見当たらなかった。防災や危機管理で地方議員の果たすべき立場はきわめてデリケートである。矛盾する場合が多いが、執行部からは関わるなと言われる。住民からは不測事態が発生しても議員は何もできないと責められる。防災や危機管理の政策分野では、地方議員の足場は不安定で微妙である。

そのせいにもよるが、東日本大震災から被害を受けなかった自治体でも、議員のなかに危機管理に関心を寄せる人びとが増えている。地域の安心と安全を守ることが住民の関心を呼び、政治の争点として無視できなくなってきたのが、その理由と考えられる。なかには、危機管理条例を作るところや、不測事態に対応する対策要綱や業務継続計画を策定する地方議会も出ている。参考までに挙げると、2013(平成25)年の時点で、防災基本条例を策定している都道府県は23団体に上る。1996(平成8)年に静岡県が「静岡県地震対策推進条例」を策定したのが最も早い事例になる。1999(平成11)～2018(平成30)年までのおよそ20年間に限定し、その間にどの程度、議員提案で防災関連の条例が成立したかを見ると、その数は以下の4件になった(既存の条例に関する修正案などは除く)。

- 2009(平成21)年「大分県地域減災づくりのための県民条例」
- 2012(平成23)年「京都府議会による東日本大震災からの復興支援に関する条例」
- 2013(平成24)年「徳島県大規模災害被災者等支援基金条例」
- 2015(平成27)年「徳島県消防防災人材の育成の推進に関する条例」

議員提案による防災関係条例の制定は、数が少ないという印象を受けるが、これは危機管理の分野における自治体議会の微妙な立ち位置を反映していると考えられる。都道府県議会はより積極的に災害に関する対応策を生み出し、それを条例に結びつける努力を重ねるべきではないかと思われる。現状を見る限り都道府県議会人は、執行部中心で進む危機対策に満足なのか、不満がないのか、議員の姿勢は現状容認型のように映る。

都道府県と異なり市レベルになると、なかには災害対策に積極的な自治体もある。市レベルで災害基本条例を策定している自治体は6団体である。その内、秋田市や市川市では市長提案で条例が生まれている。議会提案によるのは、岡崎市、大津市、それに倉敷市である（都市行政問題研究会『「都市における災害対策と議会の役割」に関する調査研究報告書』2014年）。議会主導で作られた大津市の条例では、災害に際して市民や事業者、それに市の責任が描かれ、それぞれの行動指針が示されている。また、札幌市議会と川崎市議会では、災害対策に関連した具体的な対策について条例を策定している。札幌市議会が2006（平成18）年に「住宅耐震化促進条例」を作る一方、川崎市では2011（平成23）年に、「川崎市避難所の機能整備及び円滑な管理運営に関する条例」を議会主導で策定している。そうした事例は今後、増加することが予想される。

3 地方議員の災害対策への関わりかた―議決事件にもとづく直接型関与

災害が発生した場合に議会人がどう振る舞うかについてはデリケートな問題が残る。危機管理条例や要綱を作るだけで解決する課題ではないような気がする。ただ、住民はそれぞれが選んだ地方議員に対して、大小、いろいろな期待を寄せるのが通例である。それを防災や危機管理に絞って検討すると、住民が議員に期待する中身は都道府県議会と市議会では異なる。ごく簡略化して言うと、災害が発生した際、住民は都道府県議会人に対して情報を入手すること、それに食糧を確保することを期待している。一方、市議会議員については、相談に乗って欲しい、助言を得たいという点に期待感が集中している。

この違いは、住民と都道府県議会、それに市議会との距離に関わっている。しばしば「中二階」とも皮肉られる都道府県議員の役割は、住民の目には届きにくい。住民が災害時、都道府県議員に何を期待するかを問われても、明確なイメージは湧かないのは当然かもしれない。一方、市議会議員は住民には身近な存在である。議員は同じ町内会のメンバーである場合も多い。子供同士が同級生という例もある。有権者と市議会議員は、地域内部での距離感が比較的、近い。それが、災害に際して市議会議員には助言を求め、相談に乗って欲しいという親近感のある住民側の期待に連動しているようである。

都道府県議会人と市議会議員には、災害対応にどう関わるかについて、積極的に関与するか、あるいは執行部の対策を高度化することに関わるか、姿勢は2つのパターンに分かれる。積極的で「直接型」は執行部中心に進む防災体制に、議会人がいろいろな方面からチェッ

図表7・3　県議の危機対応への期待

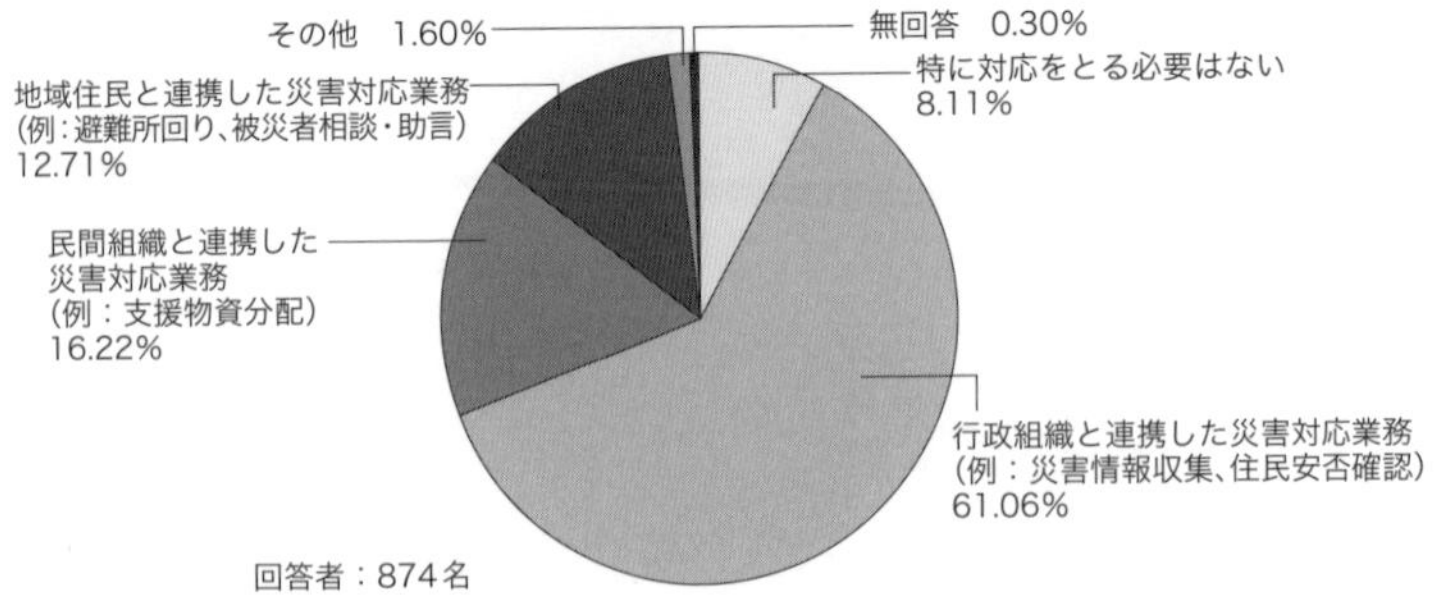

出典：明治大学危機管理研究センター「防災・危機管理のリーダー的人材の必要条件に関する研究」2014年。なお、ここで図に利用した結果は公表していない。

クを入れる活動を指している。くり返しになるが、地域防災計画や業務継続計画は、これまで首長を中心に執行部が決定してきた。議会がそれらの重要案件に関わることは、ほとんどなかった。議会を素通りした案件は、執行部がそれを国に報告するのが従来の手続きであった。議会人にも地域防災計画や業務継続計画に意見を述べ、改善策を示唆する機会を設ける必要性があるのかもしれない。

その決め手は地方自治法96条2項である。法96条1項は、条例の改廃をはじめ予算や決算など15項目にわたり、地方議会が議決しなければならない事件を列挙している。それに続く同条の2項は、「前項に定めるものを除くほか、普通地方公共団体は、条例で普通地方公共団体に関する事件（法定受託事務に係るものを除く。）につき議会の議決すべきものを定めることができる。」と規定している。都道府県議会の場合、２０１６（平成28）年末までに、この条項を援用し様々な案件を議決事件にした実例は合わせて74件に上る（総務省「法第96条2項の規定による議会の議決すべき事件に関する調」、『地方自治月報』58号、２０１６年）。市町村にな

図表7・4　市議の危機対応への期待

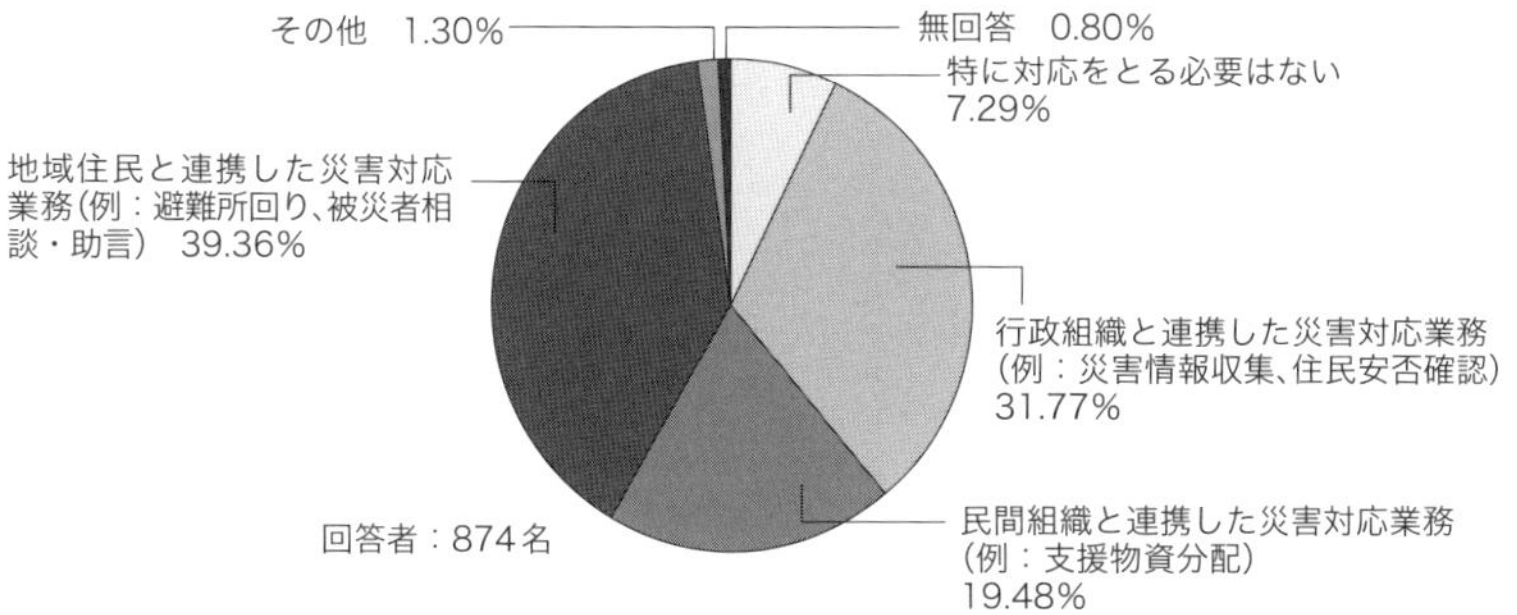

出典：明治大学危機管理研究センター「防災・危機管理のリーダー的人材の必要条件に関する研究」2014年。なお、ここで図に利用した結果は公表していない。

ると、その数は1179団体、1559件に上る（前掲、総務省、2016年）。地方議会が議決事件に取り上げる中身はさまざまであるが、最も多いのが総合計画を議決事件にするケースである。議決事件に決まると、総合計画は議会審議を受ける決まりであるが、そうでなければ計画は首長提案のまま自治体の将来目標になる可能性が高まる。地方議会はこの条項を利用し、条例で地域防災計画、業務継続計画、地区防災計画など、災害対策に関わる重要案件を議決事件にすることが考えられる。それが実現すると、これまで議会を素通りしてきた災害対策の重要案件は、議会でも審議されることに変わる。防災や危機管理の分野で地方議会の果たす役割は、格段に広がることが予想される。ただ、これまで地域防災計画などを議決事件にしている自治体は四日市市のみに限られる。今後、この数が増えることが望まれる。

4 高度化への対応―議会質問を通した防災対策への関わり

直接型とは別に執行部の防災対策を「高度化」するための関与もある。これは主に議会質問を指すが、議員は執行部に対し災害対応に関して様々な質問を投げかけるべきである。活発な質疑のなかから、執行部の防災体制は向上していくことが期待される。もとより、すべての記録を調べた訳ではないが、議員が一般質問や代表質問で取り上げる防災や危機管理についての質問は、得てして表面的な内容に止まるものが多い。細部をつくもの、核心に触れるような問い、切れ味の鋭い質疑を見つけた経験はほとんどない。そうした現状を念頭に、これから質問を行う際の素材を提示したいと思う。ここでは3つの課題を説明するが、それらは議会人の質問を高度化するためのヒントである。議会人は質問の中身を具体的な課題に練り上げ、データで裏付けするなどの工夫を凝らすことが望まれる。

1 業務継続計画

議会審議では、しばしば業務継続計画が取り上げられる。2018（平成30）年の段階で都道府県のすべてが業務継続計画を策定している。市町村になると、総数1741団体の内、策定済みが1402団体（80・5％）である。この数は2018年度中に策定予定を加えると、1557団体（89・4％）まで増える（総務省・消防庁「地方公共団体における業務継続計画策定状況の調査結果」2018年）。この数字をそのまま受け入れると、日本では9割近い自治体が業務継続計画を策定しているという勘定になる。しかし、これは統計上の結果でしかない。その中身になると問題を残す自治体が多い。一例を挙げよう、既に他の稿でも取り上げたように、内閣府（防災担当）は業務継続計画に最低、6項目を組み込むことを推奨している。それには、(1)首長が不在の場合の代位順位、(2)代替庁舎の特定、(3)電気・水・食糧の確保、(4)通信手段の維持、(5)行政データのバックアップ、それに(6)非常時の政策優先順位が入る。

その内、最後の非常時の政策優先順位について言うと、自治体職員は非常時に備え業務に優先順位をつけることが求められている。その点は理解されているが、それが実際の準備作業に結びついていない。図表7・5は、自治体に対し政策の優先事務を一覧表にしているかどうか尋ねた資料である。その結果、優先リストを策定している自治体がごくわずかであることが分かった。6割程度の自治体では、業務に優先順位をつけた一覧表を作っていない。これには大きな問題が残る。リストがないと、職員は災害発生の際、どの業務から手をつけていいのか分からなくなる。業務に優先順序をつけることは災害時の混乱を避けるためにも実施しなければならない重要な作業である。指摘するまでもないが、リストが作られ、それが職員の間で共有されないと、緊急時の業務遂行は円滑に進まない。地方議員はそうした実状を認識し、その上で執行部に、何故、政策の優先順位がリスト化されていないのか、それができる見通しがあるのかを問うべきである。議員の防災活動は、急性期よりも平静時が大事である。議員が執行部の防災対策を大所高所から検討し、この作業を続けることから自治体の災害

図表7・5　非常時の優先業務一覧─作成状況

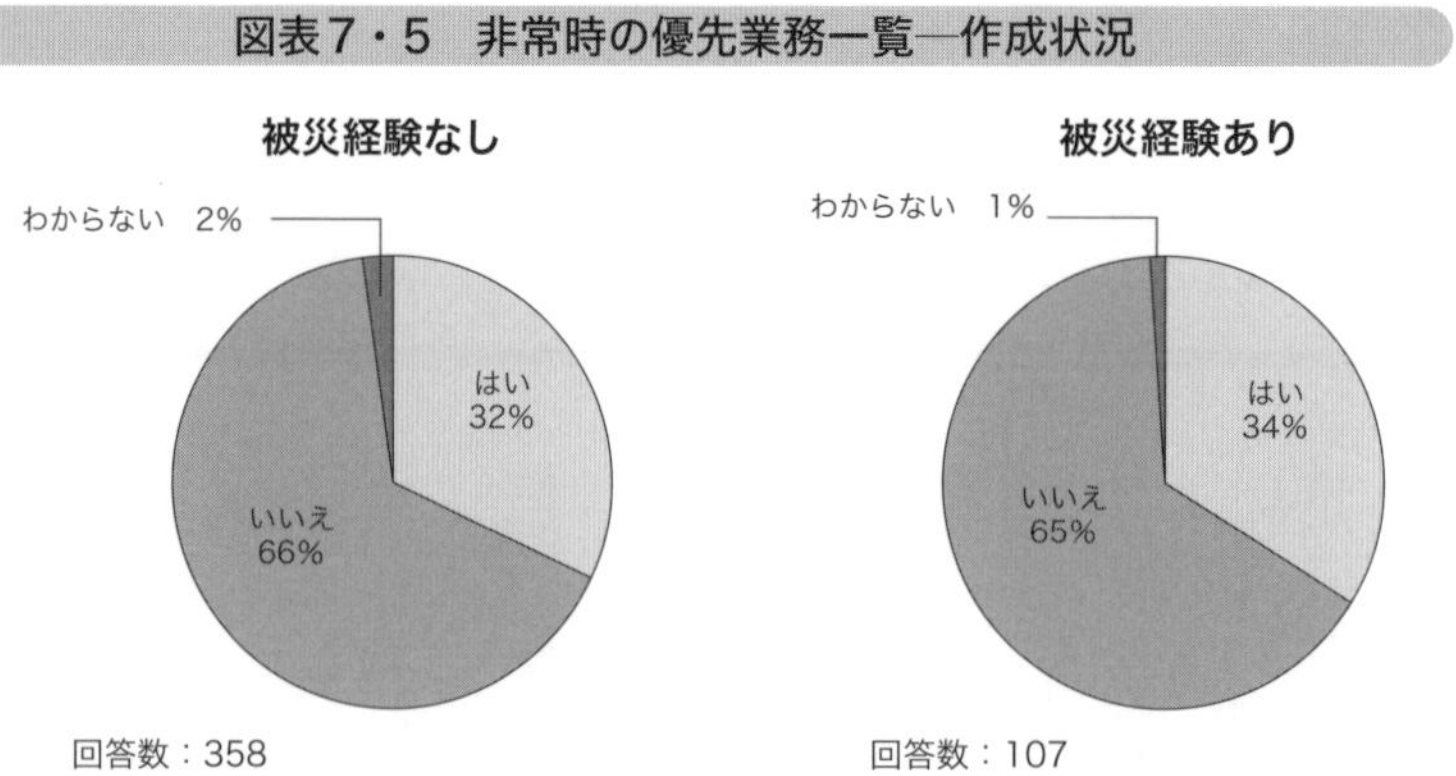

出典：日本防火・危機管理促進協会「地方自治体における災害対応経験の継承に関する調査研究―自治体規模と被災経験が災害対応準備に与える影響―　平成28年度危機管理体制調査研究報告書」日本防火・危機管理促進協会、2017年

対策はやがて大きく改善されるはずである。

2 指定避難所

指定避難所についても同じことが言える。自治体は災害時に備え住民が一時的に避難する緊急避難所と、それよりも長期に滞在する指定避難所を設置している。ただ、指定避難所を整備している自治体は57％に過ぎない。多くのところは、食糧、厨房設備、テレビ、空調、充電機器など、避難所に必要とされる設備が未整備のままである。小学校の体育館や公民館などを形式的に指定避難所に指定する事例が多いが、被災した住民は指定避難所に行けば身の安全は守られると思う。ところが、小学校の体育館や公民館など指定された避難所に移動すると、中身はカラッポ、何も準備されていないという状況に出くわす。ここでも執行部の策定する業務継続計画が、得てして机上のプランに終わっているという欠陥が表面化する。この先、地方議員には指定避難所の中身について、それらの充実度を執行部に質さなければならない。食糧の確保はあるか、空調は整備されているか、被災家族の間仕切りはどうかなど、被災者が安心して移動できる場所を多数、準備する必要がある。これは執行部だけの問題ではない。住民の安心と安全を守るのは議会人としての責任でもある。

もう1つ、指定避難所に関して、誰が施設のカギを持つかは重要な問題である。多数の被災者が小学校に押し寄せ体育館を開けろと迫る。圧力に耐えかねた施設の責任者である校長は、仕方なく体育館を開錠したという例がある。ところが、体育館は耐震構造になっていなかった。下手をすると崩落する危険もあったが、もし施設が崩れると、その責任は誰が負うのか。校長か自治体か、その辺りの役割分担は明確にしておくことが望まれる。議会議員に期待されるのは、指定避難所のカギを誰が持つのがいいか、その点に関して執行部の立場や対応に質問を投げかけることである。くり返しになるが、被災者の安全を確保することは、議員として最優先課題でなければならない。

3　災害対策本部の運営

既に一部、説明してきたが、２０１６（平成28）年に発生した熊本地震では、宇土市の庁舎が崩落し、一時、対策本部を別棟に移設しなければならなくなった。その施設も耐震構造に問題が残るため、本部はさらに庁舎の中庭に設けられたテントに移動したことがある。それより前の東日本大震災では、庁舎そのものが被害を受け、首長をはじめ多くの職員が

図表7・6　災害対策本部運営について

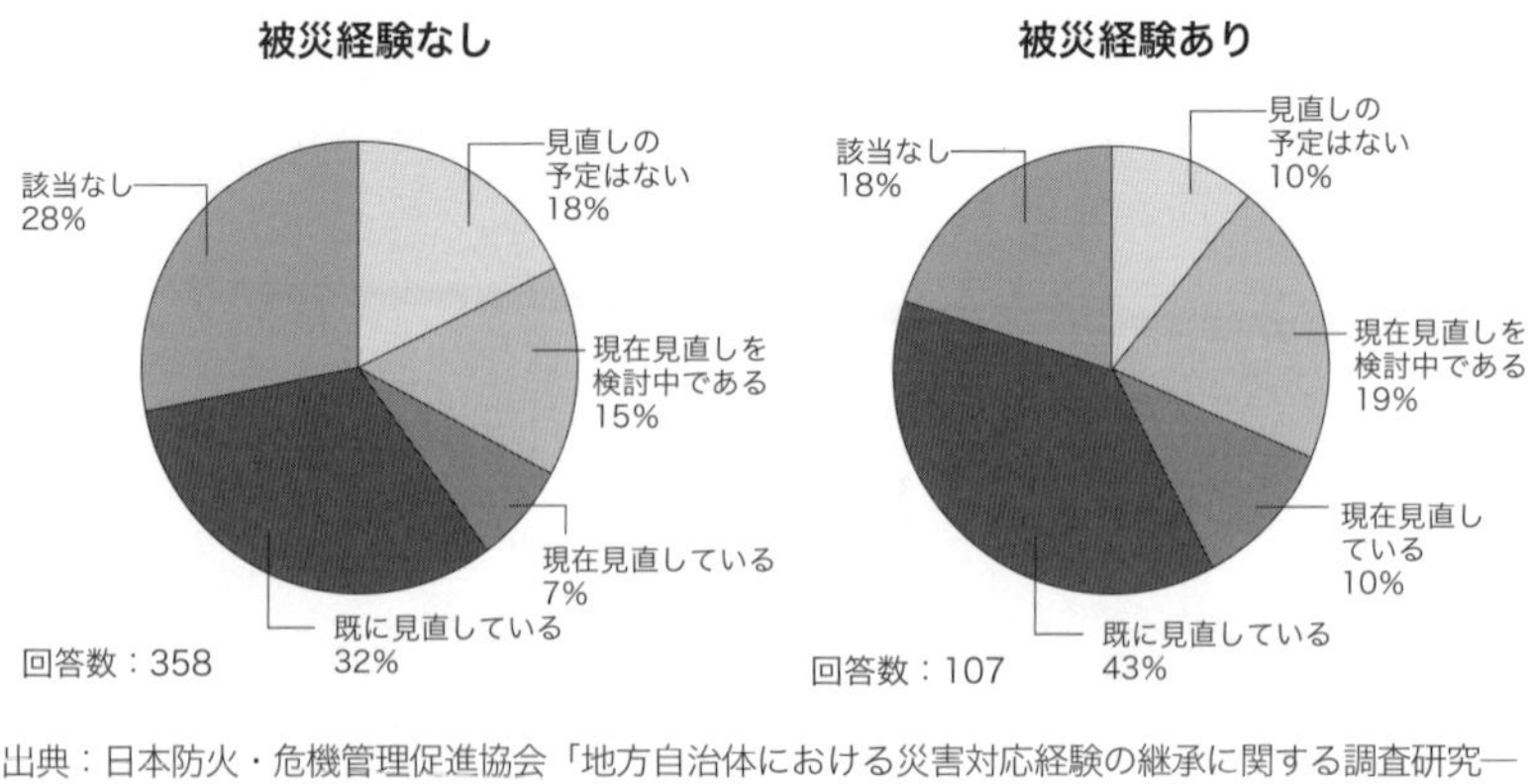

出典：日本防火・危機管理促進協会「地方自治体における災害対応経験の継承に関する調査研究―自治体規模と被災経験が災害対応準備に与える影響―　平成28年度危機管理体制調査研究報告書」日本防火・危機管理促進協会、2017年

落命する悲劇が起こっている。そうしたこれまでの経験を考慮すると、議会は自治体が災害対策本部と予定している場所に再度、メスを入れることが望まれる。予定された災対本部に問題はないかを再検討する、それが議会に期待される大きな役割である。そう主張することには理由がある。災対本部の運営について、それを見直している自治体が少ないからである。「見直すつもりはない」、「見直しを検討中」など、見直しに消極的な自治体もある。それを正さなければならないが、その役割を担うのは議会人である。議員が執行部に向けて放つ議会質問の数々が災対本部の可能性と稼働性を助ける。また、見直しを終えた自治体については、何をどう見直したのかを問いただすことも必要である。例えば、災害時の本部として想定されている場所のレイアウトは完成しているか、パソコンの確保は十分か、それらの電源配置など、議員が執行部に投げかける質問の窓口は広い。

5 地方議員と危機管理への積極的関与

不測事態が発生するなか、執行部と議会がいがみ合いをしていてもはじまらない。目の前では命を落とす被害者が出るかも知れない。財産を失う住民も増える可能性がある。必要とされるのは、自治体の関係者が一致団結し全庁体制で事態に当たることである。議会人と行政との反目はどうしても緩和しなければならないが、それを解決する方法の1つは災害対策基本法によって創設される「地方防災会議」に、議会の代表者を正規メンバーとして加えることである。数は少ないが、これをすでに制度化しているところもある。人口25万人以上と災害を経験した自治体、合わせて119都市を対象にした最近の調査では、議長が参加（15市）、副議長の参画（4市）、防災所管の委員会委員長が出席（11市）、議会事務局長の関与（16市）という結果が出ている。平塚市と久留米市は正副議長が会議に出席し、藤沢、船橋、豊橋、一宮、春日井、尼崎、久留米の7市では、議長と防災所管委員会の委員長が会議に加わっている。防災会議に参画しない議会は、119市のなかで88市に上る。これは将来、是正を必要とする数字である。この先、議会人が地方防災会議に参加する自治体を増やす努力を重ねなければならない（全国市議会議長会・都市行政問題研究会「〈都市における災害対策と議会の役割〉に関する調査結果」2014年）。

地方防災会議とは別に、非常事態が発生すると自治体では「災害対策本部」を設置する。これに議会人の参加を認めるところは少ない。最新の調査によると、議長が災対本部に参加する事例は6件、副議長が本部に関わる自治体は2件にとどまっている。残念ながら119市のなかでは、38市の議会が災対本部に全く関わっていない（31・9％）。それが議会事務局長になると、参画する事例は74市と大幅に増える。これらの数字にも、執行部が議会人の災対本部への参加に消極的である様子がうかがえる。議会事務局長は議会に関わる行政マンである。議会人は入れないが、事務局長であれば政治化することはない。行政側のそうした計算を反映した数字かも知れない。議員の背後では選挙民からの監視の目が光る。地方議会は、執行部の進める災害施策を阻害するのではなく、それを補完する役割を果たすべきである。そのためには、議会人が災害対策本部に参画し、事態の把握をはじめ正確な情報を入手する必要がある。それが災害時における地方議会の立ち位置の明確化に貢献する（前掲、全国市議会議長会・都市行政問題研究会、2014年）。

自治体執行部の活動に参画する議会がある一方、議会独自の災害対策を進めようとする自治体もある。数が少ないが、秋田市、郡山市、町田市、藤沢市など14市は、議会が独自の災害対策本部を設置する規程や要綱を作っている。その一例が大分市であるが、ここでは議長が本部長に就き、本部長と副議長、それに議会運営委員会委員長の3者で災害対策の運営委員会を構成している。その下に「地区隊長」が置かれ、地元に直結する地区担当議員を管理する体制を敷いている。こうした具体的な制度を設けるケースは限られている。一般的には、議長が災害対策本部の本部長、副議長が副本部長など、横すべりする組織を想定する自治体が多い。しかし、これでは十分とは言えない。実効性という点からするなら、議長や副議長、それに議院運営委員会委員長を加えた3者が最高の意思決定機関となり、その下に議員を配置する大分方式が有効と考えられる。参考までに全国市議会議長会が調べた「議会独自の災害対策本部の組織編成」の一覧を図表7・7に掲げておく。

執行部の災害対策とは別に、地方議会が独自に災害対策基本条例を策定した事例や、災害対策関連の意見書や決議を採択したケースも出ている。119件に上る調査対象の地方議会で、災害対策基本条例を採択した自治体は6件、検討中も同じく6件になった。災害対策基本条例を創設した自治体について、条例の提案者が誰かを問うているが、6件のうち3件が市長、1件が議員、残る2件は議会の委員会であった。市長が発議者は秋田、川崎、市川の3市である。議会の委員会が提案者になっているのは、岡崎市と大津市である。倉敷市だけが議員提案という形を取るが、ここでは台風被害や

図表7・7　議会独自の災害対策本部の組織編成

市名	議会独自の災害対策本部等の組織構成
秋田市	代表―議長、代表職務代理者―副議長、その他構成員―各会派会長、常任委員長、議会運営委員長
郡山市	本部長、副本部長、本部員―議員
町田市	議長（1名）、各常任委員会委員長（4名）、各会派から1名選出（6名）
藤沢市	組織構成については、決めていない。
さいたま市	「災害対応体制を取る」との記述にとどめており、具体的な組織構成は記載していない。
越谷市	本部長―議長、副本部長―副議長、本部役員―各会派の代表、本部員―本部長、副本部長及び本部役員を除く全ての議員
四日市市	構成員：正副議長及び各会派代表者、本部長―議長、副本部長―副議長
西宮市	本部長―議長、副本部長―副議長、本部役員―各会派の代表、本部員―その他の議員
大分市	議長―副議長・議会運営委員会委員―A～D地区議長―地区担当議員 ※運営会議―議長・副議長・議会運営委員会委員
多賀城市	支援本部長―議長、副支援本部長―副議長、支援本部役員―各派の代表者、支援本部員―上記の役職を除く全議員
相馬市	本部長―議長、副本部長―副議長、本部員―全議員
北茨城市	本部長―議長、副本部長―副議長、本部員―各常任委員会より1名
ひたちなか市	議長（座長）、副議長（副座長）、総務生活委員長、文教福祉委員長、経済建設委員長、予算委員長、決算委員長、議会広報委員長、議会運営委員長
匝瑳市	本部長―議長、副本部長―副議長、本部役員―各派代表、本部員―議員

出典：都市行政問題研究会「都市における災害対策と議会の役割」2014年

大雨、それに高潮による災害を経験し、この先の被害を最小限するために議会が条例を策定した。

岡崎市と大津市が災害基本条例を策定した経緯には共通点が見られる。両市とも議会のなかに特別委員会が設置され、そこで素案が作られた。提案はその後、パブリックコメントにかけられるが、この手続きを踏んで議会が全会一致で原案を承認という経過を踏んでいる。議会が労力を割いて作る災害対策基本条例であるが、それがどの程度、効果を生むかは未知数である。執行部が作る地域防災計画などと相反することも憂慮される。すでに首長主導で防災計画が策定されている場合、議会の作る災害基本条例は屋上屋を架す試みになるかも知れない。ただ、そうではあっても議会のイニシアティブで災害対策基本条例を制定することには大きな意義もある。議会提案で作る災害対策基本条例は、議会基本条例などと同様、総論をまとめた抽象的な文書にならざるを得ない。しかし、それを作ることによって各議員の危機管理に対する意識が上がる。また、条例ができたことで議員が本格的に住民を対象にした防災教育を進める動機が生まれる。議会提案の災害対策基本条例には、そうした多方面にわたる波及的効果が期待される（前掲、全国市議会議長会・都市行政問題研究会、２０１４年）。

議会が災害対応に積極的に関与する手立てである議会版ＢＣＰについては、議員の参集率を描くことが重要項目になる。計画には、発災直後、６時間経過後、１日目など、時間軸を目安に庁舎に集合できる議員数を書き込むことが望ましい。目安は、議員定数の35％が発災と同時に庁舎に集合できることである。それを議会版のＢＣＰに組み込むことが望まれる。ただ、災害の発生時における議員の庁舎参集や議会独自の避難訓練ということになると、まだまだ不十分というのが現状である。前出の都市問題研究会の調査資料によると、１１９市のうち、議会独自の参集訓練をした事例は1件に止まっている。議会人だけの避難訓練も実施例は5件止まりである。この先、議会の多くがＢＣＰを整備し、参集率を上げることや避難訓練を制度化することが必要である（前掲資料、全国市議会議長会・都市行政問題研究会、62頁、２０１２年）。

議会版ＢＣＰでは高齢者、障がい者、外国人、それに乳幼児を持つ女性など、一般に要援護者と呼ばれる人びとへの対応を考慮すべきである。要援護者は一般の住民とは異なる手当を必要とする。多数の人びとが集まる避難所、公衆の面前で女性が授乳や着替えをすることは躊躇される。トイレについても同様である。移動式簡易トイレは男女別に分け目隠しのついたてを立てるなどの気配りが必要である。外国人の被災者については、状況説明のほか、関係する在外公館や母国との連絡などが課題として上がる。高齢者の間では常用薬やメガネに関する要望が多く、健康状態の維持なども問題になる。そのように、要援護者についての対応は細かい配慮が必要になる。自治体職員が要援護者の対応に当たるが、混乱のなか行政サイドの援助は必ずしも満足のいくものにはならない。それを補完するのが議会人である。議員は自治体行政で例外と見られルールにない中身と想定外の要望に救いの手を差しのべる「気配り援助」の担い手にならなければならない。議会人は要援護者の要望に耳を傾け、彼らの苦悩に寄り添う。場合によっては、要援護者の声を行政に伝達する役割も果たす。それこそが危機に際して、議会人が取るべき重要な活動と考えられる。自治体の庁舎が倒壊や流出する場合に備え、議会人が集まるところ、会議を開く場所などを普段から決めておくべきである。発災時に議場を議会の災害対策本部に早変わりさせる方法も考案しなければならない。平時からそのためのレイアウトを考えておくなど、創意工夫をくり返すことが議会版ＢＣＰの有効度を一段と上げる（総務省「地震発災時を想定した業務継続体制に係わる状況調査結果」２０１０年）。

議会が策定するＢＣＰで参考になるのは大分市議会である。同市では、危機状況を念頭に議会活動をいくつかの場面に分けて検討してきた。１つは、議会開催が告示される以前、おおむね1週間から2週間の間に災害が発生したケースである。議会として様々な意思決定をしなければならないが、大分市の場合、核になるのは正副議長と議会運営委員長の3役である。なかでも、議運委員長が果たす役割は大きい。発災と同時に委員長は議会運営委員会を開催すべきかどうかを決める。その拠り所は、委員定数の半数以上が出席できるかどうかである。本会議を開くと、議会は災害の発生に関係する緊急性の高い予算をはじめ、必要とされる経費の支出などに決議を行う。反対に委員会の開催ができない状況が出ると、３役が本会議開催の可否を決定する。本会議が開けないという決断に達すると、３役は議会側の総意として市長に専決処分の権限を認める。大分市ではこうしたシナリオをほかにも数種類準備し、市議会が災害に速やかに対応できる事前準備をしている。大津市でも同様の仕組みが考案されているが、議会版ＢＣＰを作るところがこの先、増えることは間違いがなさそうである（大分市議会「災害発生時の定例会における議案審議継続のための業務継続計画」ほか、２０１５年）。

地方議員がこれまで災害対策や防災に関わることは、ほとんどなかった。災害対応は執行部の主導で進められるのが、従来の姿であった。執行部は、粛々と進むはずの災害対策が、議員の関与で政治化することに神経質になってきた。行政から距離をおかれた議会であるが、東日本大震災の後、住民の間から議員の役割について疑問が出てきた。自治体職員、警察、それに消防や自衛隊に比べ、災害対策に議員は何をしたのかという不信感である。何もできない議員なら、議会は要らないという見方さえ表出するようになった。地方議員は防災や災害対応に関しては板挟みの状態にある。一方では、関わらないでという意見、もう一方では何もできないのかという批判、災害に関する地方議会はきわめて微妙で苦しい立ち位置にある。

そうした自治体議会への悩みを考慮しながら、ここでは2つの対策を紹介した。1つは、地方自治法第96条2項を援用するという仕組みである。地域防災計画、業務継続計画、それに地区防災計画など、自治体防災の基本になる計画は、これまで議会を素通りしてきた。地方議員は、そうした重要な課題に関わることはできなかった。現状を改めようとするのが、法96条2項を利用する方法である。自治体議会はこの条項を援用し、条例によって防災に関わる主要な課題を議決事件に改める。これがうまく行くと、議会は従来とは異なり地域防災計画、業務継続計画などに関わる手段ができる。防災や危機管理に関わる主要な計画について、地方議会は初めて意見や態度を公にすることが可能になる。

もう1つは、議会質問の効率化と高度化である。地方議会のなかには防災・危機管理に関して執行部に質問を重ねてきたところがある。ただ、一般的に言うと質問の中身は表面的に終わっているという印象を受ける。代表質問や一般質問は、より踏み込んだ中身と経験を備えた体裁に変えていくべきである。質問を詳細に練り上げ、ポイントをつく中身に昇華する。すると、執行部の対応もそれに連動して変化するはずである。そうした相乗効果は、やがて自治体の災害対応策全体の改善をもたらす。ここでは議会質問を高度化するモデルとして、3つの課題を取り上げた。災害に対応する業務継続計画については、自治体執行部が業務に優先順位をつけたリストを作っているかどうかに注目した。実状は6割前後の自治体が、業務優先リストを作成していないからである。議員はそれぞれの自治体執行部に対して、業務継続計画の中で業務に優先順位をつける一覧表を策定しているかを問い質す。議員質問は総論から各論へと変化し、議論は具体的で詳細にわたる中身に変化することが期待される。ここでは、指定避難所や災害対策本部についても議員質問を具体的な中身に変える素材を検討してきた。地方議会は今後、法96条2項を援用した直接的な方法、あるいは議員質問をより精緻な中身に変化させる間接的な方法の、2つの仕組みを組み合わせながら、防災や危機管理の分野でも役割を拡大していくことが望まれる。

あとがき

本書は自治体の危機管理について、内容を分かりやすく説明する概論という位置づけで稿をまとめてきた。そのために、個人的な経験をできるだけ多く取り込み、簡単で明瞭を念頭に編集作業を進めたつもりである。しかし、校正を進めていくと、概論を越えた難しい論議になった箇所が少なくないことに気がついた。それを分かりやすく書き改めることに努力したが、それが成功したかどうか心許ない限りである。指摘するまでもないが、その評価はこれからの読者の意見や感想を待たなければならない。

災害対策を含む危機管理策は、文字通り日進月歩の展開を続けている。近年、自治体のなかに危機管理に熱心なところが増える傾向がある。これは、災害対応を充実しなければならないほど、災害が増えていることの裏返しかもしれない。対応策についても、次々と新しい手法や方法が編み出されてきている。ただ、私の力量不足のせいもあって、本書はそれらの一部さえ紹介できなかった可能性が高い。その点を改めて、お断りしておきたいと思う。

私はこれまでいろいろな方から教えを乞うてきた。なかでも田岡良一先生の学恩は忘れることができない。先生は久しく京都大学法学部で国際法を講じてこられた。定年を期に関西学院大学に移ってこられたが、国際法の碩学であった。学士院会員で文化功労賞も受けておられるが、先生は70歳を超えられてから

『大津事件の再評価』と題する名著を刊行されている。これで毎日出版文化賞を受賞されたが、著者は先生が大阪の他の私学に学長として移籍される前、2年間、ゼミ生として謦咳にふれる機会に恵まれた。

忘れられないのは、私がアメリカの大学に留学することをお伝えに行った折、先生から「君は英語ができないから、しっかり勉強してきなさい」と叱咤されたことである。この「激励」を糧にアメリカの大学で猛勉強したが、もとよりこれまで田岡先生の期待に応えるだけの業績を挙げることはできていない。ただ、今回、私は本書を80歳に限りなく近い後期高齢期に入って上梓することができた。中身はともかく、この点だけは先生の記録を越えることができたと一人、満足している。

最後になったが、本書をまとめるについて全国市長会の荒木慶司事務総長には格別のご配慮を頂戴した。記して感謝の意としたい。

2020年3月

中 邨 章

【た】

【な】

【は】

【ま】

【ら】

◆索　　引

◆著者略歴

中　邨　　章（なかむら　あきら）

明治大学名誉教授・研究特別教授、日本危機管理防災学会名誉会長

1970年、カリフォルニア州立大学（フルトン校）講師。1973年、明治大学政治経済学部講師を経て、助教授。1982年、同大学教授（行政学担当）。明治大学大学院長、副学長を経て、2011年明治大学名誉教授。一般財団法人地方公務員安全衛生推進協会理事長を経て、現在同協会顧問。

2006年、マレーシア政府叙勲（The Most Outstanding Defender of the Realm）。2008年、国際協力機構　緒方貞子理事長表彰。2015年12月、日本人として初めて、アメリカ国家行政院のフェローに就任。

2001年～2007年　国連行政専門家委員会委員

2010年～2014年　国際行政学会副会長

〈主な著書〉

『行政の危機管理システム』（中央法規出版　2000）、『危機管理と行政～グローバル化社会への対応～』（ぎょうせい　2005）、『危機発生！その時地域はどう動く～市町村と住民の役割～』（第一法規　2008）、『危機管理学～社会運営とガバナンスのこれから～』（第一法規　2014）、『地方議会人の挑戦～議会委改革の実績と課題～』（ぎょうせい　2016）

自治体の危機管理
―公助から自助への導き方―

令和2年4月20日　第1刷発行

著　者　中邨　章

発　行　株式会社ぎょうせい

〒136-8575　東京都江東区新木場1-18-11

電話　編集　03-6892-6508

営業　03-6892-6666

フリーコール　0120-953-431

〈検印省略〉　URL：https://gyosei.jp

印刷　ぎょうせいデジタル㈱

ISBN978-4-324-10788-1

(5108593-00-000)

〔略号：自治体危機〕